Guía del paseo de Gràcia de Barcelona

1,5 km de cultura, estilo y ocio

Con la colaboración de:

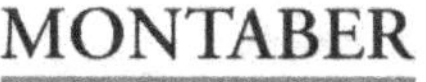

Guía del paseo de Gràcia de Barcelona
Primera edición: 2014

© 2014, ICG Marge, SL
© ICG Marge, SL / Ajuntament de Barcelona

Ajuntament de Barcelona
Consell d'Edicions i Publicacions: Jaume Ciurana i Llevadot, Jordi Martí i Galbis, Marc Puig i Guàrdia,
Albert Ortas i Serrano, Miquel Guiot i Rocamora, Jordi Joly i Lena, Vicente Guallart i Furió, Àngel Miret
i Serra, Marta Clari i Padrós, Josep Lluís Alay i Rodríguez, José Pérez Freijo, Pilar Roca i Viola
Director de Comunicació i Atenció Ciutadana: Marc Puig
Director d'Imatge i Serveis Editorials: José Pérez Freijo

Direcció d'Imatge i Serveis Editorials de l'Ajuntament de Barcelona
Passeig de la Zona Franca, 66 - 08038 Barcelona
Tel. +34-934 023 131 - www.bcn.cat/barcelonallibres
ISBN: 978-84-9850-639-6

Marge Books
Director editorial: David Soler
Gestión editorial: Hèctor Soler, Neus Piñol
Colaboración editorial: Laia Martínez
Compaginación: Mercedes Lara
Impresión: Impremta Pagès (Anglès, Girona)

València, 558, ático 2.ª - 08026 Barcelona
Tel. +34-932 449 130 - www.margebooks.es

ISBN: 978-84-15340-93-5
DL: B-26836-2014

Índice

Prólogo

Barcelona siempre se ha definido como una ciudad moderna, dinámica, abierta al mundo, emprendedora y eminentemente comercial. Estoy seguro de que, hojeando las páginas de esta guía, confirmarán que el paseo de Gràcia es uno de sus máximos exponentes.

El paseo de Gràcia es mucho más que una calle. Es una vía de comercio de calidad, donde encontramos algunos de los edificios más emblemáticos de la ciudad. Un paseo que es un símbolo de Barcelona y que es admirado por todos aquellos que nos visitan.

Para mí, es uno de los mejores ejemplos de la combinación armoniosa de cultura, arquitectura, tradición, comercio y personas que nos caracteriza. Un verdadero eje de encuentro, donde se reúnen establecimientos de referencia mundial, al lado de una amplia oferta de arte y restauración, y donde se organizan acontecimientos creativos e innovadores, como The Shopping Night.

Desde estas líneas, quiero aprovechar la ocasión para agradecer el esfuerzo y el compromiso de Amigos del Paseo de Gràcia, y de todas las personas, empresas y entidades que se implican diariamente para que siga siendo un verdadero motor comercial, turístico, cultural y social de Barcelona.

Xavier Trias
Alcalde de Barcelona

Presentación

El paseo de Gràcia, con un kilómetro y medio de tiendas, edificios emblemáticos, buena comida y estilo de vida mediterráneo, es uno de los ejes comerciales y culturales con más renombre e importancia del mundo. Su proyección nacional e internacional contribuye a situar Barcelona como una de las ciudades mejor valoradas. La singularidad del paseo de Gracia nació con su situación en el barrio del Eixample y como uno de los ejes vertebradores del desarrollo urbanístico de Barcelona, con la arquitectura modernista de sus principales edificios y como punto de encuentro de la vida social barcelonesa. Desde aquí, durante más de ciento ochenta años, a través de un amplísimo abanico de actividades sociales, comerciales y culturales, el paseo de Gracia se ha convertido en el más importante escaparate de Barcelona hacia el exterior. Una avenida donde es posible encontrar la elegancia de la historia a cada paso del camino.

Esto explica que sea un espacio de referencia para la ciudadanía de Barcelona, que reúna a tantas y tan importantes empresas nacionales e internacionales y que forme parte del recorrido imprescindible para los visitantes de la ciudad.

Confiamos en que esta guía sea un complemento útil y práctico para acercarse al paseo de Gràcia desde cualquiera de sus vertientes: la cultural, visitando sus edificios y museos; la del glamour de sus establecimientos comerciales, o la culinaria, a través de sus exquisitos restaurantes. Pero, sobre todo, esta es una guía que invita a pasear y que permite identificar cada uno de los elementos que configuran esta avenida que marca el pulso de la Barcelona cosmopolita: el corazón de la ciudad.

Lluís Sans
Amics del Passeig de Gràcia
Presidente
www.barcelonapasseigdegracia.com

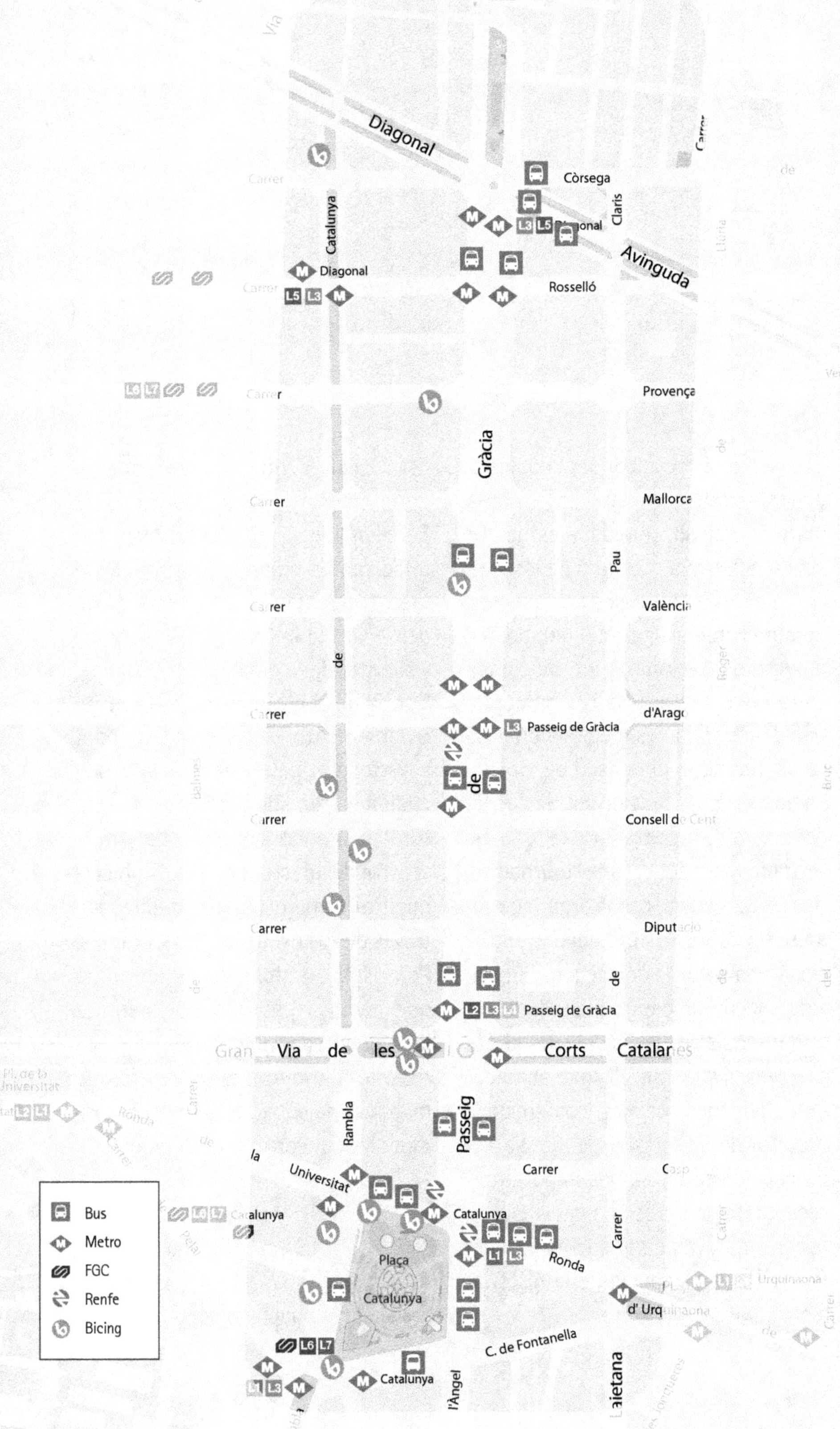

Diagonal
Catalunya
Diagonal
Còrsega
onal
Claris
Avinguda
L5 L3 M
L3 L5
M M
Rosselló
M M
Provença
Gràcia
Mallorca
Pau
L6 L7
València
M M
M M L3 Passeig de Gràcia
d'Arag
de
Consell de Cent
Diput
de
M L2 L3 L1 Passeig de Gràcia
Gran Via de les Corts Catalan es
M Corts Catalan
Passeig
Rambla
Universitat
Carrer
Casp
M
M
M
Catalunya
alunya
M L1 L3 Ronda
Carrer
Carrer
Pl. de la Universitat
Universitat L2 L4 M
Ronda
M
d'Urquinaona
L1
Plaça
Catalunya
C. de Fontanella
L'Àngel
Laietana
FGC L6 L7
L6 L7
M
L1 L3 M
M Catalunya
d'Ortigosa
Urquinaona L1 M
Verdaquer
d'Aribau
Balmes
Roger
Bruc
Bus
Metro
FGC
Renfe
Bicing

El paseo de Gràcia

Historia, elegancia y modernidad

FRANCESC PUJOLS

A finales del siglo XIX, dos personas podían tardar veinticinco minutos en hacer a pie el tramo del paseo de Gràcia que iba desde la Gran Via hasta la calle Diputació, y no porque la acumulación de gente les impidiera avanzar, sino por la cantidad de veces que se tenían que parar para saludar. Porque si algo ha sido siempre el paseo de Gràcia es un «estatus», el lugar donde se ha de estar.

Desde 1860, cuando ya se habían derruido las murallas de la ciudad antigua, Barcelona no paraba de crecer y de anexionarse las villas de su entorno. Para comunicar más eficazmente la antigua villa de Gràcia con el centro urbano, nació el paseo de Gràcia, una arteria urbana que se convertiría en uno de los lugares de esparcimiento y de comercio más importantes de la ciudad: desde el hotel

1. «Y por la mañana, si Dios quiere, / iremos al paseo de Gràcia, / que es allí donde la aristocracia / acostumbra a tomar el sol.» Francesc Pujols i Morgades (1882-1962), escritor y filósofo catalán.

Colón de la plaza de Catalunya, pasando por el Jardín de las Delicias, los Camps Elisis, los teatros Tívoli y Novedades, el Jardí d'Euterpe, los edificios de la Manzana de la Discòrdia y hasta arriba del todo, el Palau Robert. La burguesía barcelonesa, enriquecida gracias al capital que llegaba de las colonias americanas, inició una competición de refinamiento estético y afán por recuperar el esplendor perdido de la ciudad y encargó casas a arquitectos modernistas de primera línea, donde destacó el que habría de ser el genio arquitectónico del siglo xx, Antoni Gaudí, responsable de la Casa Milà, más conocida como La Pedrera. Todos estos edificios hicieron del paseo de Gràcia una auténtica obra de arte al aire libre.

Pero el paseo y su entorno han tenido siempre otras dos grandes vocaciones: la comercial y la cultural. Esto se traduce en numerosos museos y salas de exposiciones de alto nivel, como la Fundació Tàpies, el Museu Egipci o la Fundació Suñol. Los comercios más prestigiosos de Barcelona se quisieron instalar desde el principio, y algunos, como Santa Eulalia, todavía permanecen, junto a las marcas internacionales más prestigiosas, como Valentino o Chanel, conocedoras del gran prestigio que les otorga estar ubicadas en el paseo. La conversión de Barcelona en uno de los grandes focos de atracción del turismo mundial ha impulsado la proliferación de hoteles y apartamentos de lujo que ofrecen la posibilidad de alojarse en medio de la historia y del arte, allí donde la ciudad ofrece, en un solo bulevar, lujo y *glamour*, ocio y cultura, tradición y modernidad.

Breve historia del paseo de Gràcia

El trazado del paseo de Gràcia sigue el de una vía romana cue unía Barcino con Sant Cugat. En la Edad Media esta vía se conoció como el camino de Jesús; llevaba hasta el convento franciscano de Santa Maria de Jesús (1427), que se ubicaba en el espacio que hoy va desde las calles de Consell de Cent a Aragó y, convertida en camino de Gràcia, seguía subiendo hasta la villa de este mismo nombre. En 1827 se inauguró la primera urbanización del paseo de Gràcia: 1.550 metros de longitud y 42 de anchura, divididos en cinco carriles por medio de seis hileras de árboles plantados con precisión militar. El espacio central estaba reservado para los peatones, y dos carriles a cada lado, para los carruajes. Poco a poco fueron proliferando los jardines y las instalaciones dedicadas al ocio, donde los barceloneses acudían

masivamente, los domingos de buen tiempo, para pasear y refrescarse junto a una fuente. En 1860, la reina Isabel II puso la primera piedra del Eixample proyectado por Ildefons Cerdà, y en el paseo se edificaron las primeras casas y palacios. Las calles de la trama del Eixample tenían una amplitud nunca vista —veinte metros como mínimo cada calle— y la genialidad del chaflán a cada esquina, una novedad en la historia del urbanismo. La proliferación de comercios

más singulares, con La Pedrera como estandarte, pero también las farolas y los emblemáticos bancos. Las reacciones de los coetáneos fueron de todo tipo: tanto los elogios como las fuertes críticas a la extravagancia de algunos edificios se combinaron hasta muy entrado el siglo xx. A lo largo de este siglo se realizaron algunas reordenaciones del paseo, que dieron como resultado la desaparición de los tranvías que circulaban y la ampliación de las aceras laterales, para facilitar que los peatones paseen hoy por una de las avenidas más famosas y cotizadas del mundo.

en las plantas bajas llegaría con el cambio de siglo, y la explosión del modernismo aportaría los edificios

Cuna del modernismo

El gran desarrollo industrial de Cataluña en el siglo xix, el aumento demográfico acelerado provocado por la ola migratoria que generó la Exposición Universal de Barcelona de 1888, la prosperidad de los negocios y la gestación del movimiento catalanista hicieron de catalizadores para que una serie de artistas —escultores, arquitectos, pero también poetas, músicos y pintores— abiertos a las nuevas corrientes artísticas europeas, pudieran demostrar su talento personal y su creatividad con total libertad. Edificar en el paseo de Gràcia se convirtió en un motivo de orgullo y de exhibición para

Representación en cerámica en la Casa Lleó Morera

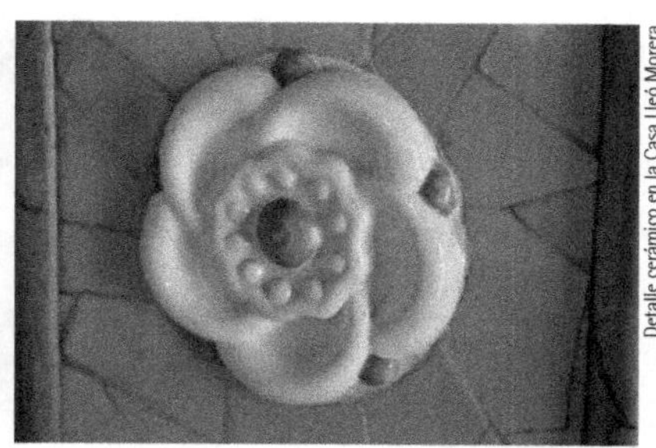

Detalle cerámico en la Casa Lleó Morera

la nueva burguesía, enriquecida en América o gracias a la pujanza de industrias como la textil, y esta no dudó en financiar los proyectos más osados. El modernismo (el estilo que en otros países de Europa se conoce como *modern style, jugendstil* o *art nouveau),* con su gusto por las formas sinuosas e inspiradas en la naturaleza, llenó esta avenida de edificios con chimeneas, tejados y torreones con apariencia de guerreros o dragones dormidos, que le otorgan su carácter único. El modernismo se expresó en las fachadas, pero también en el interior de los edificios, en los acabados, los mosaicos, la decoración, el mobiliario, los complementos o las esculturas. La competencia entre mecenas y arquitectos de primera línea (Domènech i Montaner, Puig i Cadafalch, Enric Sagnier o Antoni Gaudí, entre otros) encontró su apogeo en la Manzana de la Discordia, entre las calles Consell de Cent y Aragó: la osadía de los arquitectos a la hora de proyectar edificios como la Casa Lleó Morera, la Casa Amatller o la Casa Batlló dio lugar a tres joyas que ningún visitante del paseo de Gràcia debe dejar de admirar.

La Pedrera hacia 1930

Un paseo comercial y gastronómico

El paseo de Gràcia se ha incorporado durante las últimas décadas a la preciada lista de los ejes comerciales más importantes del mundo: en Roma, la Via Condotti; en Milán, la Via Montenapoleone; en París, los Champs Elysées; en Londres, New Bond Street; en Nueva York, la Quinta Avenida, y en Barcelona, el paseo de Gràcia.

En esta vía se reúnen los mejores hoteles y apartamentos de alto *standing*, como por ejemplo los hoteles Casa Fuster, el Majestic & Spa o el Mandarin Oriental. También, las principales firmas de ropa y complementos de lujo, desde Gucci a Louis Vuitton, pasando por Yves Saint Laurent, Carolina Herrera, Loewe o Valentino; joyerías como Tiffany, Cartier o Bulgari, y perfumerías como Chanel. Marcas selectas que comparten el paseo con primeras firmas de consu-

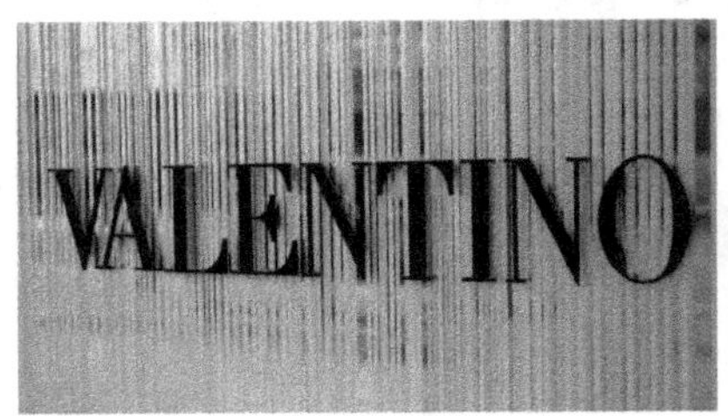

mo masivo, como Zara, para la moda, o Appel, en cuanto a tecnologías de la comunicación. Todas compiten para poner sus tiendas insignia *(flagship store)* en los mejores y más estratégicos locales del paseo.

Pero el paseo de Gràcia también acoge oficinas profesionales y sedes corporativas de empresas nacionales e internacionales de todos los ámbitos de actividad industrial y de servicios.

Un despliegue comercial que se combina con una amplia y variada oferta gastronómica donde podemos encontrar desde las estrellas Michelin del Moments o el Roca Moo, hasta la cocina catalana y mediterránea y el tapeo más tradicional. Todo ello, rodeado de palacios cen-

Mandarin Oriental

tenarios y del esplendor de las joyas del neoclasicismo y del modernismo, hacen del paseo de Gràcia uno de los principales centros económicos de la Ciudad Condal y una cita obligada para quien busque un cóctel que combine el lujo y la vitalidad comercial con la tradición.

Cultura y nuevas tendencias

El clasicismo y el vanguardismo del paseo de Gràcia y, sobre todo, su carácter cosmopolita, lo convierten en escenario ideal para celebraciones y acontecimientos muy diversos:

Feria del Libro de Ocasión Antiguo y Moderno. Iniciada en 1952 y organizada por el Gremi de Llibreters de Vell de Catalunya, esta es la más veterana de las celebraciones del paseo. Durante quince días, a finales de septiembre, las librerías de viejo montan casetas y exponen sus tesoros: libros de segunda mano, títulos difíciles de encontrar, descatalogados y auténticas piezas de

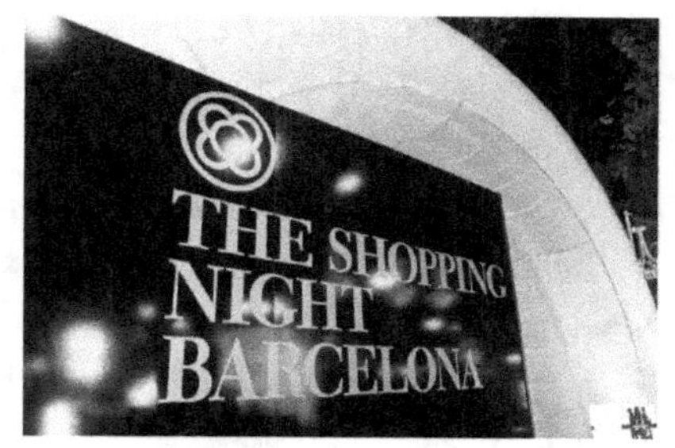

coleccionista para los amantes de este objeto cultural que, a pesar del avance imparable de las nuevas tecnologías, revive año tras año.

Setmana del Barret. Esta es una iniciativa que impulsa la clásica tienda de tejidos y complementos Gratacós.

Durante una semana del mes de abril, invitan a diseñadores a trabajar dentro de la tienda para que el público pueda conocer sus propuestas de estilismo en sombreros y minitoquillas. El acontecimiento tiene como finalidad dar a conocer el oficio artístico de los sombrereros.

Verema. A imagen y semejanza de las Vendanges Montaigne de París y la Vendemmia de Milán, la asociación Amics del Passeig de Gràcia organiza cada mes de septiembre, desde 2011, este acontecimiento restringido en exclusiva a clientes invitados por las tiendas que participan en la celebración, que consiste en unir el lujo de los productos a la venta con los mejores vinos y cavas del mundo.

The Shopping Night. Una noche al año, las tiendas de todo el paseo abren sus puertas y permiten disfrutar de las compras en un ambiente único. Desde el anochecer, a las ocho, hasta la una de la madrugada, es posible ver la cara nocturna de la moda combinada con actividades artísticas y culturales, como la pintura, el teatro o la ópera. El acontecimiento se empezó a celebrar en 2010 y no ha dejado de crecer.

Museos y colecciones singulares

El paseo de Gràcia y sus alrededores atesoran espacios y rincones de visita obligada para los curiosos y los amantes del arte y de la cultura.

El **Museu de la Perruqueria** y el **Museu del Perfum** exponen frascos, recipientes y piezas que hacen posible un viaje que empieza en la prehisto-

Museu de la Perruqueria

Palau Robert

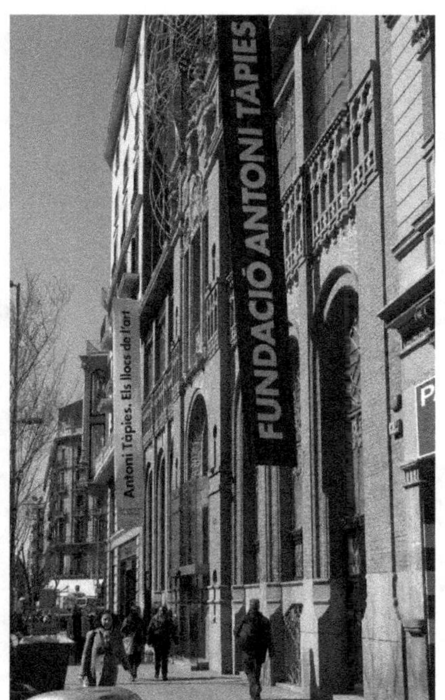

Suñol propone exposiciones de diferentes disciplinas del arte contemporáneo nacional e internacional.

En el **Museu Egipci,** más de mil piezas ofrecen la posibilidad de transportarnos hasta la civilización de los faraones. Por su parte, en la **Fundació Institut Amatller d'Art Hispànic** y en el centro cultural de **La Pedrera** se celebran grandes exposiciones, ciclos de conferencias, recitales de poesía, conciertos de música y proyecciones audiovisuales. Y en el **Palau Robert** encontraremos exposiciones permanentes y temporales en los más de 1.000 m^2 repartidos en cuatro salas y, también, una oficina de turismo donde buscar información sobre cualquier tema relacionado con el paseo de Gràcia, con Barcelona o con Cataluña.

ria y que acaba con las técnicas y las marcas comerciales de la actualidad. Dos grandes artistas catalanes de proyección internacional dar nombre a dos fundaciones muy diferentes: la **Fundació Tàpies,** que alberga la colección permanente del pintor informalista Antoni Tàpies, además de proponer exposiciones temporales y de contar con una excelente biblioteca de arte, y la **Fundació Frederic Mompou,** instalada en el piso donde vivió este músico y compositor, orientada a darlo a conocer a los músicos más jóvenes. La **Fundació**

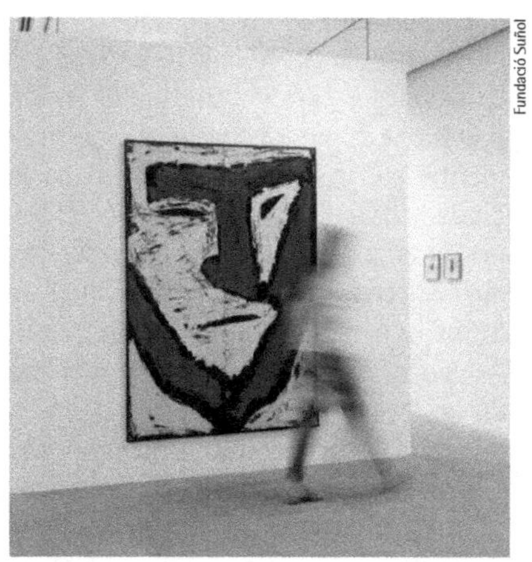

Metro: L1 (Catalunya), L2 (Passeig de Gràcia), L3 (Catalunya, Passeig de Gràcia), L4 (Passeig de Gràcia), L5 (Diagonal)
www.tmb.cat

Bus: 6, 7, 15, 16, 17, 20, 22, 24, 28, 33, 34, 39, 43, 44, 45, 47, 63, 67, 68, 544, V17, H10, H12, N4, N5, Bus Turístic: rutas norte y sur
www.tmb.cat
www.barcelonabusturistic.cat

Renfe: Plaça Catalunya, Passeig de Gràcia
www.renfe.com

FGC: Catalunya, Provença-La Pedrera
www.fgc.cat

Taxis: 931131920 / 933033033 / 933222222

Desde el aeropuerto:
Aerobús: www.aerobusbcn.com
En tren: Línea R2 Norte Aeropuerto (Cercanías Renfe), www.renfe.com

Desde el puerto:
L3 (Drassanes) y L4 (Barceloneta)

Bicing: passeig de Gràcia 61 (València) / passeig de Gràcia 89 (Provença) / plaza Catalunya, 10-11
www.bicing.cat

Aparcamientos:
Saba Gràcia I, Diagonal (Jardinets)
Saba Gràcia II, Gran Via-Aragó
Saba Gràcia III, Aragó-Rosselló
www.saba.cat

Mar y montaña / Besòs y Llobregat

No es un plato tradicional ni una paella que combine carne y pescado. Es, sencillamente, la fórmula que utilizan los barceloneses para indicar una dirección o el lugar dónde se ubican geográficamente, sobre todo en el centro de la ciudad. Barcelona limita al norte con la montaña del **Tibidabo**, al sur con el **Mediterráneo**, al este con el río **Besòs**, y al oeste con el río **Llobregat**. Así pues, cualquier ubicación situada en las calles perpendiculares al paseo de Gràcia, por ejemplo, será montaña o mar según se encuentre en la acera norte o en la sur. Del mismo modo, cualquier dirección situada en el paseo de Gràcia, o en las calles paralelas, será Besòs o Llobregat según se encuentre en la acera este o en la oeste.

Símbolos

Banco

Cine

Tienda/Comercio

Galería de arte

Edificio singular

Farmacia

Hotel

Información turística

Museo/Monumento

Restaurante/Bar

Teatro

Otros

Desde plaza de Catalunya hasta Gran Via de les Corts Catalanes

Números 1-11

🏛 **Edificio Banco Español de Crédito** (1942). Este edificio neoclásico, obra del arquitecto Eusebi Bona i Puig, fue hasta 2003 la sede del Banco Español de Crédito (Banesto) en Barcelona.

Curiosidad: el solar fue antes el espacio que ocupó el hotel Colón, inaugurado en 1902 y reformado en 1918, y donde se instaló EAJ-1 Radio Barcelona, la primera emisora de radiodifusión de España. El edificio fue derruido en 1940.

🛍 **Apple Store.** Desde 2012, la icónica manzana mordida de color blanco marca el acceso a esta emblemática tienda, con 2.500 m² operativos y el más grande centro Apple del sur de Europa. La planta baja está siempre llena de curiosos que pueden probar los últimos modelos de ordenadores, tabletas y teléfonos móviles de la compañía fundada por Steve Jobs. La primera planta es para reparaciones y el sótano, para complementos: bolsas, fundas y accesorios de todo tipo.

3

🛍 **Adidas Store.** Es la tienda oficial en Barcelona de la conocida marca de calzado y ropa deportiva que viste el *crack* azulgrana Leo Messi.

Curiosidad: este número lo había ocupado el monumental Café Alhambra (1891), hasta que en 1906 los hermanos Mariano y Manuel Belio Gracia lo transformaron en sede del cinematógrafo Belio-Graff. Lo inauguraron con la proyección de ocho películas de la compañía Pathé Frères, pero lo acabaron cerrando en 1912.

5

💳 **Banco Santander.** Esta es la oficina principal en Barcelona del banco originario de esta ciudad de Cantabria que, bajo la dirección de Emilio Botín, ha llegado a ser el más importante de la Eurozona.

7

🏛 **Casa Puig Colom** (1913). A pesar de que ha sufrido numerosas reformas con el paso de los años, entre ellas el añadido de dos pisos a los cuatro que tenía la casa desde un principio, este edificio proyectado por Josep Font i Gumà mantiene un cierto aire señorial. Desde su inicio y hasta mediados de los años cincuenta, los bajos fueron ocupados por el popularísimo Forn de Sant Jaume, una de las pastelerías con más renombre de la ciudad.

🛍 **Bershka.** Tiene un amplio surtido de ropa juvenil, colorida y de *sport*, calzado y complementos para ambos sexos.

(9)

🛍 **H&M.** Proviene de Suecia, con una combinación de buen diseño y excelentes precios en ropa, cosmética y complementos para cada día. También para los más pequeños.

(11)

🏛 **Edificio Generali** (1950). Este monumental edificio de veintiuna plantas y una torre de setenta y cinco metros fue originalmente proyectado para albergar: el Banco Vitalicio, la aún existente Galería Condal, una sala de espectáculos ya desaparecida, locales para oficinas y viviendas. Es uno de los ejemplos más destacados de arquitectura franquista de la ciudad, obra del arquitecto Lluís Bonet i Garí. Las fachadas están recubiertas de granito de Galicia y piedra de Montjuïc, y diversos grupos escultóricos y estatuas ornamentan sus elementos principales. Fue uno de los primeros rascacielos de la ciudad y el edificio más alto hasta mediados de los años setenta. De la fusión, en 2009, entre las compañías de seguros Vitalicio y Estrellas, resultó la Sociedad Generali.

Curiosidad: para construirlo, se tuvo que derribar el Palacio Samà, propiedad del marqués de Marianao, un indiano que había llegado a ser alcalde de la ciudad. Se conservó una fuente de mármol que se puede observar dentro de la Galería Condal.

 **Galería Condal.** Los pasillos conectan el paseo de Gràcia con la Gran Via de les Corts Catalanes y llevan a las tres escaleras que conducen a las oficinas del edificio. En el centro, el restaurante cafetería La Nou permite descansar, tomar café o comer lejos del ruido de la calle.

Stradivarius. A pesar de que el nombre y el logotipo de esta tienda remiten al mundo de la música, se trata de una tienda de ropa juvenil y de precios ajustados.

McGregor. El característico cuadro escocés sirve de bandera para esta tienda de ropa masculina: polos y pantalones deportivos para ellos.

Double Agent. Firma de moda de inspiración estadounidense que ofrece ropa, zapatos, bolsos, bisutería, cosmética y complementos para chicas jóvenes y adolescentes en un espacio de 200 m² distribuidos en tres niveles. Huye de los canales tradicionales de publicidad y hace una fuerte apuesta por las redes sociales para sus promociones.

Piquadro. Es sinónimo de marroquinería italiana. Carteras, bolsas de mano y de viaje, maletas y complementos de diseño innovador y original, para mujeres y para hombres, que se distribuyen a través de más de 100 *boutiques* de la marca en 50 países.

Geox. Es una de las marcas de zapatos que ha irrumpido con más fuerza en los últimos años en el mercado español. De origen italiano, ha conseguido hacerse un hueco gracias a unos diseños completamente innovadores, principalmente con las suelas transpirables del calzado deportivo. Tiene otra tienda en el número 52 del paseo.

Gran Via de les Corts Catalanes dirección Llobregat

Gran Via de les Corts Catalanes, 630

🍴 **Farga.** Una de las pastelerías y charcuterías con más tradición de la ciudad. Además de tienda, dispone de terraza y de restaurante donde se sirven desayunos, comidas y cenas de gran calidad. Hay otra en lo más alto del paseo, en la avenida Diagonal, 391.

Gran Via de les Corts Catalanes, 605

🏢 **Avenida Palace** (1952) (4*). Este hotel, clásico y con un vestíbulo espectacularmente dorado, fue renovado por completo en 2006. Consta de nueve plantas y 151 habitaciones, con los servicios habituales. Ernest Hemingway, Joan Miró, Lizza Minnelli o los integrantes de los Beatles han sido algunas de las personalidades que se han alojado en él.

🏛 **Monumento al Libro.** Obra del escultor y poeta catalán Joan Brossa (1919-1998), realizada en 1994 por encargo de la Feria del Libro de Ocasión Antiguo y Moderno que organiza cada otoño desde 1952 el Gremi de Llibreters de Vell de Catalunya. A los pies del monumento se añade cada año una placa con la firma del escritor que ha hecho el pregón.

Mirar y ser visto: jardines, teatros y cafés desaparecidos

Dada la creciente popularidad del paseo durante el siglo XIX, pronto proliferaron jardines, cafés y establecimientos para comer y beber, así como numerosos teatros. Tantos, que uno de los dramaturgos más populares del momento, Serafí Pitarra, dijo que «ahora hay en dicho paseo más teatros que personas para ir». Hoy solo quedan el Tívoli, el Coliseum y uno reconvertido en cine, el Comedia. Desde 1849 proliferaron los teatros de verano, situados en grandes jardines y construidos en madera, que se montaban y desmontaban cada temporada. El teatro decano fue el de los Jardins del Tívoli, trasladado después a la calle Casp, donde todavía permanece.

En 1853, los Camps Elisis captaron la atención de los barceloneses con un despliegue de recursos para el ocio como nunca antes se había visto en la ciudad. Los seguirían el Jardín de la Nimfa, los Jardins d'Euterpe o el Prado Catalán, entre otros.

En 1869 nació el teatro Novedades, como teatro estable, que alcanzaría gran fama. Originalmente estuvo en el chaflán con la ronda de Sant Pere i en 1885 se trasladó una calle más arriba, a la calle Casp, donde

Prado Catalán

hizo conjunto con el café, el salón de baile y la sala de billares. Tenía capacidad para 2.000 espectadores y en él se representaban teatro, bailes de máscaras, conciertos o mítines políticos. Fue destruido por un bombardeo durante la Guerra Civil y después reabierto como cine y juegos de salón, que cerró las puertas en 2006.

En 1870 abrió el Teatro Español, la entrada del cual se corresponde con

Teatro Español

el pasaje existente entre los números 26 y 24. Proyectado por el arquitecto Antoni Rovira i Trias, era de madera y también cabían 2.000 personas. Zarzuela, ópera italiana o drama, todo tenía cabida. En 1889, un incendio lo destruyó por completo.

El primer café fue el Gran Café Hispano-americano, inaugurado en 1874 en el número 38-40 y rebautizado en 1881 como Café Lisboa. Algo más abajo, en la esquina con la calle Casp abrió el Gran Café Novedades, en 1884, esparciendo mesas por el paseo. Disponía de un salón con veintitrés mesas y, cuando introdujo una sala de billares, tuvo un éxito abrumador. El más grande, sin embargo, fue el Café Alhambra, inaugurado en 1891 en el número 3 del paseo. Uno de los más importantes fue el Café Torino, situado en el número 18, impulsado en 1902 por un turinés que fue quien introdujo la costumbre de «hacer el vermut» en España, hasta entonces típicamente italiana. El Café Torino tenía marquesina y unas esculturas en la fachada, y la decoración interior fue obra de Antoni Gaudí y de Josep Puig i Cadafalch. En 1910, la Junta Directiva del Fútbol Club Barcelona lo eligió para celebrar haber ganado el primer Campeonato de España. Entre 1909 y 1960, el Café Terminus, de estilo neoárabe, sirvió de refugio para muchas peñas y grupos de intelectuales que se reunían en tertulia. La más famosa fue la que impulsó el poeta y pintor modernista Santiago Rusiñol, vecino del número 96 del paseo, en el bar La Puñalada del número 104, desaparecido en 1998.

Café Torino

Bar La Puñalada

Gran Via de les Corts Catalanes, 595

🏛 🎬 🎭 **El Coliseum** (1923). Inaugurado como sala de cine, es todavía una de las más grandes de la ciudad, a pesar de que desde 2006 se utiliza preferentemente como teatro para grandes espectáculos o conciertos. Fue la primera sala española donde se proyectó una película sonora: *La canción de París* (1929), un film de la Paramount protagonizado por Maurice Chevalier. Es una muestra significativa de la arquitectura monumentalista de la década de 1920, obra de Francesc de Paula Bonet, y está inspirado en la Ópera de París. La gran cúpula central, flanqueada por dos torres, es visible desde muy lejos, igual que el porche de entrada, de curvatura convexa. Ante la fachada se sitúa la escultura *Encaix* (2003), obra de Margarita Andreu, de diez metros de altura. Una inscripción en el suelo la dedica: «A las personas muertas en los bombardeos fascistas (1937-1939) de la Guerra Civil en Barcelona y a todos los pueblos víctimas de otras guerras».

Desde Gran Via de les Corts Catalanes hasta Diputació

Números 13-19 bis

13

🏛 **Palacio Marcet** (1890) / 🎬 **Cine Comedia.** Este palacete, uno de los pocos ejemplos que quedan de palacio urbano del Eixample, fue proyectado por el arquitecto Tiberi Sabater en 1887 como vivienda particular. Tras una profunda remodelación que solo conservó la fachada original, en 1941 se inauguró como teatro de la Comedia y en 1960 pasó a ser el cine Comedia, que en 1983 se dividiría en tres salas y en 1995, en las cinco actuales. De estilo ecléctico, con elementos clásicos y neoplaterescos, tiene la fachada

principal en el chaflán de Gran Via de les Corts Catalanes con paseo de Gràcia, cubiertas bombeadas a los ángulos y cresterías en el caballete. El proyecto original contaba con unos jardines suntuosos en la parte trasera que desaparecieron con la construcción de los edificios adyacentes.

Curiosidad: delante de la entrada del cine se conserva una de las dos fuentes Wallace que quedan en Barcelona (la otra está en La Rambla de Santa Mònica), de las doce

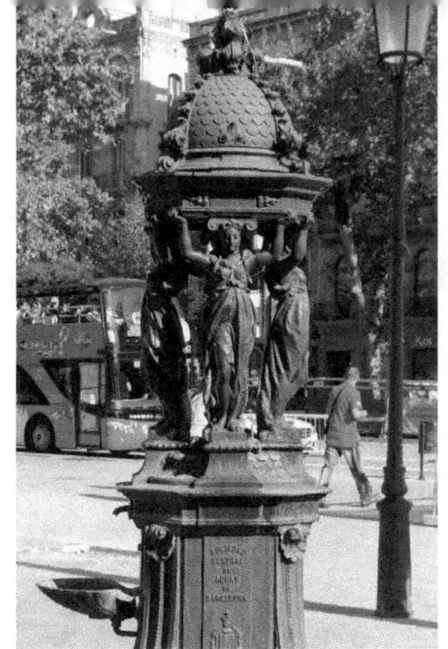

Fuente central. La construcción de esta fuente, en el cruce del paseo de Gràcia y la Gran Via, se enmarca en la transformación urbanística de la zona a raíz de la celebración del Congreso Eucarístico Internacional de 1952. La fuente ornamental circular de 13,5 metros de diámetro se sometió en 2012 a una reforma que le aportó nuevos efectos de intensidad lumínica y colores, y que optimizó su consumo energético.

con que el filántropo Sir Richard Wallace obsequió a Barcelona con motivo de la Exposición Universal de 1888.

🛍 **Lottusse.** Es una marca de zapatos proveniente de Mallorca, fundada en 1877 por Antoni Fluxà Figuerola. Con los años, además del calzado clásico y elegante, ha ampliado su catálogo de productos y ahora ofrece bolsos y complementos para mujer a través de una red de tiendas por tres continentes.

🛍 **Guess.** Es una marca norteamericana, fundada en Los Ángeles en 1981 por los hermanos Marciano, de estilo de vida joven, *sexy* y aventurero, con una línea completa de ropa y accesorios para hombre, mujer y niños; lencería, fragancias y regalos. Dispone de otra tienda en el número 63 del paseo.

🛍 **Caramelo.** Fundada er 1969 con el objetivo de producir ropa de

calidad que fuera impermeable, se ha convertido en una marca internacional y ha integrado las colecciones para mujer del diseñador Antonio Pernas.

🍴 **La Baguetina Catalana.** Comida para llevar, sobre todo bocadillos y trozos de pizza, además de refrescos, a precios muy ajustados.

🛍 **Tommy Hilfiger.** Tienda emblemática de la marca norteamericana que comenzó haciendo vaqueros y hoy viste a toda la familia con un estilo desenfadado y deportivo.

💳 **Banco Popular.** Oficina principal en Barcelona de este banco, creado en 1926, dirigido hoy por Ángel Ron y orientado sobre todo al negocio de la banca minorista. Si se

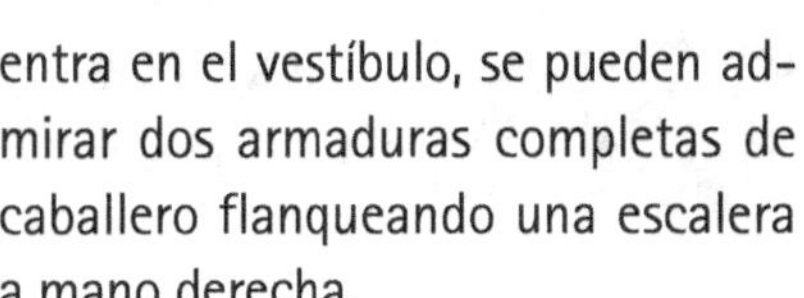

🏛 **Bolsa de Barcelona.** Este edificio de granito y cristal es la sede corporativa de la bolsa de valores de la ciudad, que funciona como mercado secundario de la Bolsa de Madrid.

19bis

👜 **Diesel.** Era conocida sobre todo por sus vaqueros desde su fundación en 1978, pero se ha convertido en una de las marcas emblemáticas para muchos jóvenes que también buscan ropa interior, accesorios y zapatos.

entra en el vestíbulo, se pueden admirar dos armaduras completas de caballero flanqueando una escalera a mano derecha.

Calle Diputació dirección Llobregat

Diputació, 256

👜 **Les Golfes.** Para comprar muñecas tradicionales, de todos los tamaños y tipos, y elaboradas por manos artesanas, este es el lugar ideal.

Diputació, 257

🏢 **Cristal Palace** (4*). Este hotel tiene todas las comodidades para viajes de turismo o de negocios, con una vistosa fachada recubierta de grandes paneles de vidrio.

Desde Diputació
hasta Consell de Cent

Números 21–33

21

Edificio La Unión y el Fénix (1931). De influencia francesa y vocación novecentista, este edificio proyectado para ser la sede de la compañía de seguros La Unión y el Fénix es obra del arquitecto Eusebi Bona i Puig. Es el único chaflán semicircular del paseo y está coronado por una cúpula muy característica. Los elementos ornamentales son de inspiración clásica: el ave Fénix en lo alto de la cúpula, las dobles columnas de capiteles corintios y los grupos escultóricos de Frederic Marès, en el cuarto piso, que representan la vida, la industria, la agricultura, las artes, la navegación y la muerte.

🛍 **Brandy Melville.** Esta tienda de moda italiana para jóvenes se inauguró de manera provisional en 2013 como *pop-up store*, pero los resultados fueron tan buenos que todavía se mantiene.

🛍 **Tumi.** Nacida en 1975 como marca de accesorios de viaje, ya sean maletas, bolsos o carteras, esta firma norteamericana ha ido ampliando su catálogo, que ahora incluye también productos de escritura.

🍴 **La Vaca Paca.** Es un veterano restaurante con terraza exterior que ofrece bufet libre continuo a precios muy ajustados.

🏛 **Edificio Femina.** En los bajos de este edificio se inauguró en 1929 el cine Femina, con acceso también por el número 259 de la calle Diputació. Fue reformado por el arquitecto Antoni de Moragas en 1948 y destruido por un incendio en 1991. En 1999, el conjunto fue reconstruido por los arquitectos Carlos Ferrater y Joan Guibernau, que crearon unas viviendas funcionales y expresivas, con espacios de transición entre lo viejo y lo nuevo.

🛍 **Max Mara / Marina Rinaldi.** «El estilo no es una talla, es una actitud»: con esta frase la modista italiana Marina Rinaldi se ha ganado el corazón de muchas mujeres con siluetas no asumidas por la mayoría de las marcas de moda femenina. Esta doble tienda interconectada acoge, a un lado, la moda *prêt-à-porter* para mujeres urbanas, contemporáneas y con un alto poder adquisitivo y, al otro, las tallas más grandes; también bolsos y complementos.

🏛 **Casa Malagrida** (1908). Espléndido ejemplo de casa modernista plurifamiliar, obra del arquitecto Joaquim Codina Matalí por encargo del industrial tabaquero de la ciudad de Olot, Manuel Malagrida, que hizo fortuna en Argentina con la fábrica de cigarrillos Centenario. Por eso la decoración de la casa combina un águila pirenaica con un cóndor andino y cuenta con las representaciones antropomórficas de España y de Argentina, con corona y gorro frigio, respectivamente. El piso principal destaca en la fachada de manera suntuosa, con su balaustrada y tribunas profusa-

mente decoradas con motivos florales. En la parte superior se ubicó una cúpula que recuerda una buhardilla.

 **COS.** Es la firma de gama alta de H&M. Una superficie de 600 m², en dos plantas, donde se reinventan los clásicos y se ofrecen las últimas tendencias en ropa y complementos para hombres, mujeres y niños. Líneas marcadas, reflejo de las raíces escandinavas de la marca, paletas de colores mesuradas y una confección meticulosa, que aporta un toque elegante y contemporáneo.

Twin-Set Simona Barbieri. Una *boutique* italiana que ofrece sus colecciones de ropa, lencería, baña-

dores y complementos para mujeres románticas, femeninas y sofisticadas.

Nike. Tienda oficial en Barcelona de una de las marcas deportivas más importantes del mundo y que viste a grandes estrellas como el tenista Rafa Nadal. Zapatillas de deporte de todo tipo, ropa deportiva y complementos.

Bcn Design (5*). Para instalar este hotel, el edificio fue íntegramente reformado por el estudio de arquitectura e interiorismo de Xavier Claramunt, que lo transformó en un pequeño hotel *boutique* elegante y moderno de 65 habitaciones.

H.E. by Mango. Una de las cuatro tiendas de Mango en el paseo de Gràcia, esta está especializada en ropa para hombre: alrededor de 800 m² de planta baja y sótano. *He*, en inglés, significa 'él', y H. E., en latín, son las iniciales de *homini emerito*. Si cree que es de aquellos hombres merecedores de un premio, esta es su tienda.

33

Edificio de la Union des Assurances de Paris (1913). Vale la pena fijarse en este edificio, obra del arquitecto modernista Enric Sagnier i Villavecchia, por su singula-

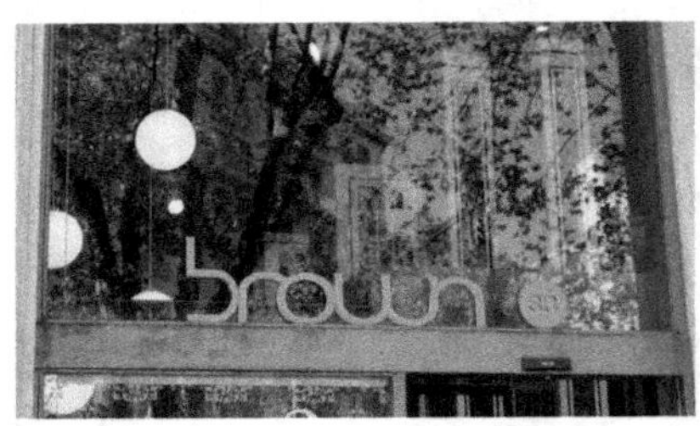

ridad, sobre todo de la parte superior, que fue añadida en el momento de convertir la antigua Escuela de las Damas Negras en sede de la aseguradora Union des Assurances de Paris. Dos cuerpos verticales acabados en piedra y rematados por unos relieves enmarcan los dos pisos superiores, uno con ventanas culminadas en arcos de medio punto y decoraciones de cerámica y el otro, con una galería abierta sostenida por unas columnas acabadas con estuco. La planta baja también se modificó siguiendo el mismo criterio: los ángulos del chaflán, antes macizos, abrieron en la calle unas aberturas con elegantes columnas gemelas de mármol rosa.

🍴 **Brown 33.** Restaurante italiano distribuido en tres plantas y con una terraza en la calle donde, además de *pizzas*, pastas y otros platos de la cocina italiana y mediterránea, también se pueden degustar buenas hamburguesas.

🏢 **Equity Point Centric Hostel.** Es un albergue destinado al público joven, con habitaciones de todo tipo: sencillas, dobles y compartidas para 4, 6 y 8 viajeros.

🛍 **Kiehl's.** Una tienda de cosmética decorada al más puro estilo de Nueva York (donde nació en 1851), con letras de neón y una reproducción de la estatua de la Libertad incluida. Tratamientos faciales, corporales y capilares, productos especiales para bebés, productos para deportistas, protectores solares y la famosa fragancia Musk.

Bancos-farolas

Con frecuencia se adjudica la autoría de los conocidos *bancos-farolas* del paseo de Gràcia a Antoni Gaudí. Pero, a pesar del trencadís de los bancos, las formas modernistas y su ubicación, nada más lejos de la realidad. Los bancos-farolas del paseo, junto con los que se pueden encontrar en otros puntos de Barcelona (avenida Gaudí y paseo Lluís Companys), fueron diseñados en 1906 por el arquitecto Pere Falqués i Urpí (1850-1916). Se trata de treinta y dos conjuntos escultóricos de hierro forjado en los que destaca el escudo de la ciudad y el característico y retorcido *coup de fouet*, que representa motivos florales.

De gran importancia a principios del siglo xx, durante la urbanización del paseo de Gràcia, estas farolas han ido perdiendo protagonismo con los años, sobre todo a causa de la reforma de los años setenta, y hoy en día, a pesar de ser uno de los símbolos del centro de la ciudad, sobreviven como buenamente pueden al deterioro que provoca el numeroso tránsito, rodado y humano, de la zona. Durante la citada reforma, en algunos chaflanes del paseo se colocaron otros bancos hechos también con trencadís blanco, redondos y con jardineras, pero sin farolas, inspirados en los originales de Pere Falqués.

Calle Consell de Cent dirección Llobregat

Consell de Cent, 308

🛍 **Torrons Vicens.** Es la tienda ideal para probar uno de los dulces tradicionales españoles: el turrón. Elaborados de forma artesanal desde 1775, actualmente, la marca Vicens, proveniente del pueblo de la Cataluña interior de Agramunt, ofrece turrones de todos los sabores: coco, chocolate, yogur, crema o mazapán, entre otros.

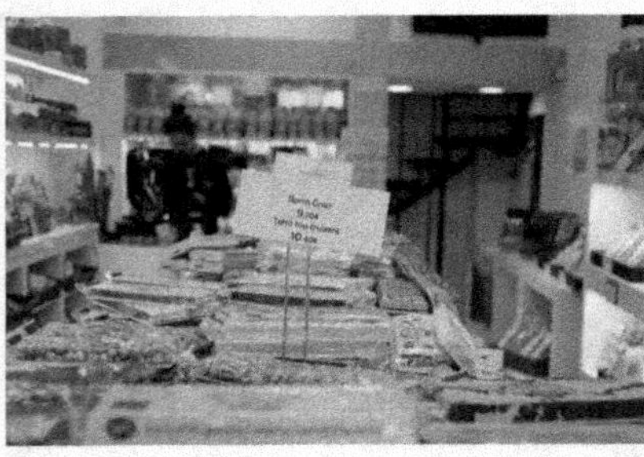

🍴 **La cuina d'en Garriga.** Esta tienda de exquisitos comestibles (quesos, lácteos, vinos, *foie gras*, charcutería, fruta y verdura) y utensilios para la cocina fue idea de Helena Garriga, que quiso recuperar el ambiente de la cocina de su familia y eligió el sifón, un envase para agua carbonatada muy popular en los años veinte y treinta, como emblema de su negocio. Atención, porque en el interior hay un pequeño restaurante de pocas mesas muy chic.

🛍 **Majoral.** El joyero Enric Majoral comenzó a hacer joyas en la isla de Formentera en los años setenta, inspirándose en la energía y la luz mediterráneas y con una gran creatividad. Hoy, junto a su hijo Roc Majoral, continúan innovando y haciendo piezas que recuerdan a elementos naturales como la posidonia, los erizos de mar o las barcas de pescadores.

Consell de Cent, 347

🖼 **Galeria Jordi Barnadas.** Galería de arte inaugurada en 1992 y especializada en artistas contemporáneos preferentemente figurativos. Las obras de más de cuarenta artistas están de manera permanente a disposición del público en la sala de exposiciones de la planta inferior, donde se pueden encontrar óleos sobre tela de artistas emergentes o piezas de reconocidos autores.

Consell de Cent, 349

🖼 **Sala Dalmau.** Aunque mantiene el nombre, la actual galería no tiene nada que ver con la histórica Galerías Dalmau (1911-1930), que llevó las primeras exposiciones cubistas a Barcelona, acogió artistas extranjeros venidos de París —residentes o de paso por Barcelona— durante la Primera Guerra Mundial y exportó al mundo la obra de artistas catalanes como Joan Miró. Hoy es una galería, abierta en 1979, orientada a la recuperación de los artistas de las vanguardias históricas y dedicada también a artistas figurativos contemporáneos.

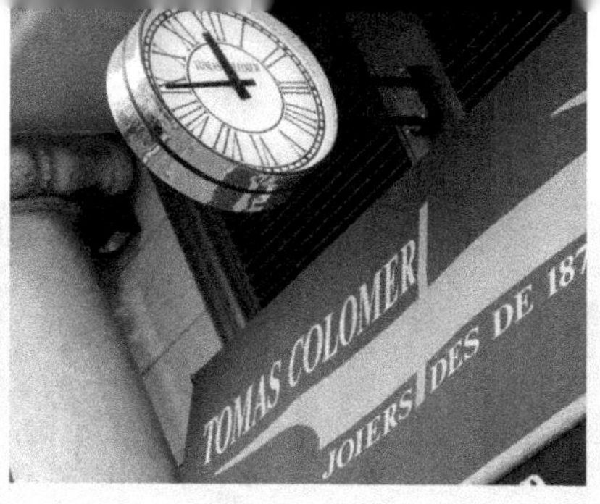

🛍 **Tomás Colomer.** Un vistoso reloj con este nombre en la esfera y clavado en la fachada llama la atención hacia esta joyería, fundada en 1870 y que hoy es dirigida por la quinta generación de la familia Colomer. Joyas y relojes clásicos de alta gama.

Consell de Cent, 351

🛍 **Aristocrazy.** Esta es la marca juvenil de la joyería Suárez, original de Bilbao pero instalada en Madrid desde 1982 y especializada en joyería y relojería de lujo. Aristocrazy es, desde 2010, la apuesta por un público con menos poder adquisitivo y de gustos más extremos. Ocupa los 200 m^2 de esta tienda, donde se conservan los elementos originales de una antigua farmacia.

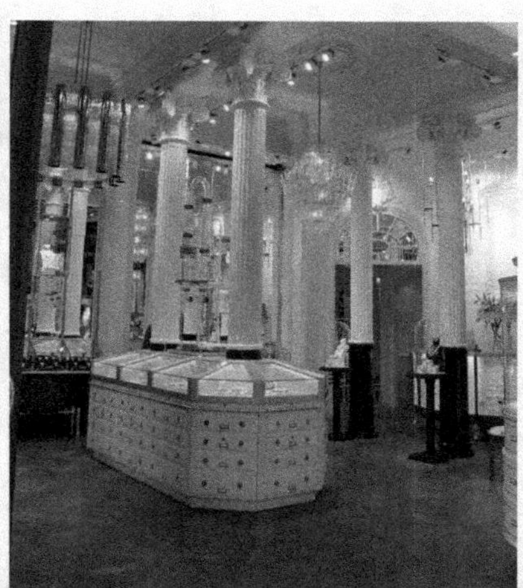

La Manzana de la Discordia

Con este apelativo, que jugaba con el doble sentido de la palabra *manzana* (en referencia a una discordia clásica entre dioses griegos y a una isla de casas), los barceloneses de principios del siglo xx bautizaron el tramo de paseo de Gràcia que discurre entre las calles del Consell de Cent y de Aragó. Estaban atónitos al ver cómo, sucesivamente, tres de los mejores arquitectos del momento habían reformado de manera extraordinaria las fachadas de tres edificios propiedad de grandes burgueses: primero fue Josep Puig i Cadafalch, quien en 1901 recibió el encargo de un fabricante de chocolate, Antoni Amatller i Costa, para que

Casa Lleó Morera, 1905-1910

reformara el número 41. El resultado fue la **Casa Amatller**, rematada con un escalonado muy provocativo y característico, que tanto remite a influencias formales de los Países Bajos, como recuerda una tabla de chocolate fragmentada. Cuatro años más tarde, en 1905, fue Lluís Domènech i Montaner quien proyectó la espléndida **Casa Lleó Morera** en el número 35, haciendo chaflán con Consell de Cent. El ángulo de la fachada lo coronó con un templete espectacular, y pobló la fachada de relieves femeninos, entre los cuales destacaban dos figuras femeninas apoyadas en sendos vasos gigantescos que estaban tan cerca de los peatones (en la parte inferior de la fachada) que provocaron comentarios y anécdotas jugosas. Un bedel de la universidad, cuando recibió el encargo de llevar un paquete a aquella dirección, le preguntó al catedrático: «¿No será aquella casa donde hay unas chicas

Casa Amatller, 1900

asidas a una pila de agua bendita?». Pero todavía faltaba la tercera casa en discordia, la **Casa Batlló**, y esta fue Antoni Gaudí i Cornet quien la asumió. Contigua a la Casa Amatller, el empresario textil Josep Batlló dio carta blanca al entonces joven arquitecto, quien desplegó toda su imaginación y creatividad en una fachada llena de elementos orgánicos y misteriosos, que también hicieron correr las interpretaciones: ¿era una

representación de un personaje del carnaval, con sus antifaces y confeti? La interpretación más ampliamente reconocida es la que le atribuye la simbología de la lucha de Sant Jordi (patrón de Cataluña) contra el dragón, la espalda del cual la formaría el tejado de cerámica coloreada. Balcones y columnas representarían los huesos que el dragón guarda en su cueva, y la torre rematada en cruz simbolizaría la lanza del guerrero. «He visitado la Casa Batlló y todavía me parece un sueño. En su interior, todas las líneas son curvas. Hay techos que parecen aspiradores. Hay innumerables formas copiadas de las setas», dice el protagonista del libro *Un señor de Barcelona*, del escritor Josep Pla, asombrado ante la osadía arquitectónica y decorativa del genio de Antoni Gaudí. El contraste de estilos entre las tres generó, además de uno de los tramos de calle con más concentración de talento y originalidad del mundo, una disputa muy popular que llenó los diarios satíricos de principios del siglo xx.

Desde Consell de Cent hasta Aragó

Números 35-45

 **35**

Casa Lleó Morera (1906). Bautizada como «un Palacio de la Música en miniatura», esta casa es una de las joyas del modernismo de la ciudad. Obra del mismo arquitecto que el templo de la música, Lluís Domènech i Montaner, destaca sobre todo por el templete superior —que excedía la altura permitida por el Ayuntamiento de Barcelona y para el que se tuvo que pedir un permiso—, y por la profusa decoración de la fachada, donde se pue-

den identificar diversas representaciones de la hoja de la morera (en alusión al apellido de la familia) y figuras de pequeños dragones. Pero lo más impresionante es el interior: vitrales, mosaicos, cerámica, escultura, madera, mármol, esgrafiados, etc., elaborados por artistas y artesanos como el escultor Eusebi Arnau, el mosaiquista Mario Maragliano o el ebanista Gaspar Homar, donde las diferentes artes modernistas aplicadas brillan con luz propia. Desde 2014, la planta noble del edificio está abierta al público: hay cuatro turnos diarios para veinti-

cinco personas cada uno, para los que es recomendable reservar con antelación.

Curiosidad: el proyecto era un encargo de 1902 de Francesca Morera para reformar la antigua Casa Rocamora, que databa de 1864. A su muerte, en 1904, su hijo Albert Lleó i Morera continuó las obras y fue quien terminó bautizando el edificio. Fue el único de los edificios de la Manzana de la Discordia que ganó un premio del Ayuntamiento de Barcelona.

🛍 **Loewe.** Esta clásica marca de Madrid, fundada en 1846, hace muchos años que ofrece sus famosas bolsas de piel, pañuelos, carteras,

---

Horario: lunes a sábado (visita en catalán): 12 y 18 h. Domingos y festivos: cerrado
Visitas exprés: lunes a sábado; a las 10, 10:30, 11:30, 12:30, 13, 15:30, 16, 16:30 y 18 h.
Visitas guiadas: lunes a sábado en catalán, español e inglés

Precios: adulto: 15,00 € / Menores: (-12) gratuita (limitada a un menor/adulto con entrada) / Jóvenes (-25): 13,50 € / Senior (+65): 13,50 € / Especial (personas con discapacidad): 13,50 € / Grupos (a partir de 15 personas) o visitas privadas: consultar precios y disponibilidad

Reservas: 936 762 733 (10-14 h y 16-19 h)
info@casalleomorera.com
grups@casalleomorera.com
www.casalleomorera.com

Bus: 7, 16, 17, 22, 24, 28. Bus Turístic, rutas norte y sur
Metro: L1 (Catalunya), L2 (Passeig de Gràcia), L3 (Catalunya, Passeig de Gràcia), L4 (Passeig de Gràcia)
FGC: Provença-La Pedrera
Renfe: Plaça Catalunya, Passeig de Gràcia

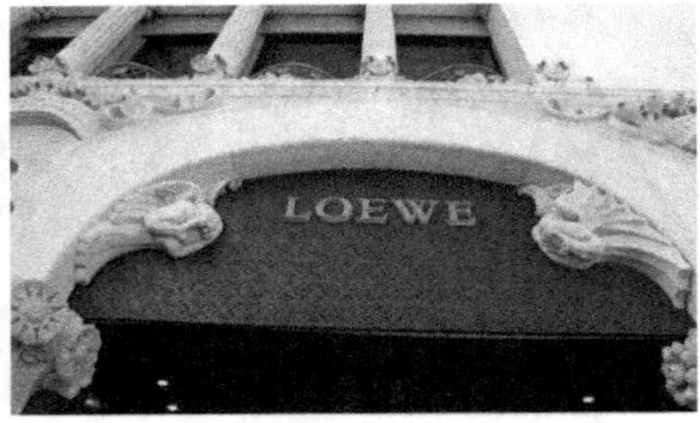

por Ramón Mulleras, quien pretendía ponerla al día. Su elemento más destacado es una tribuna del piso principal, que sirve de balcón en el primer piso. Encima, se puede observar un balcón corrido que permite ir a pie por el exterior, de punta a punta de la casa.

prêt-à-porter y otros complementos identificables por su elegancia y tradición.

🏛 **Casa Mulleras** (1906). Mucho más sobria y clásica que las de su alrededor, esta casa, obra de Enric Sagnier i Villavecchia, también es el resultado de un encargo para renovar una más antigua, la Casa Ramón Comas (1868), que había sido adquirida

🍴 **Tenorio.** Brasería que se define como practicante de la «cocina mediterránea y mestiza» y ofrece las ventajas de un emplazamiento y una terraza del todo privilegiados.

○ **Amics del Passeig de Gràcia.** Fue fundada en 1952 y es una de las más antiguas asociaciones comerciales de la ciudad. Desde su sede en el segundo piso de este edificio,

promueve y defiende los intereses de sus asociados y vela por el buen estado del paseo de Gràcia.

39

Casa Josefina Bonet (1915). Este edificio fue construido en 1887 pero reformado en su fachada en 1915 por el arquitecto Marcel·lí Coquillat i Llofriu, que lo dotó de una estética más clásica que la de los edificios que lo rodean. Destaca la tribuna de dos pisos que centra la fachada con ventanas rodeadas de arcos y columnas italianizantes.

Museu del Perfum / Regia.

Esta perfumería, fundada en 1928, además de las mejores marcas de cosmética y perfumería, guarda una sorpresa en el fondo del local: el Museu del Perfum, un originalísimo viaje a través de la historia de la mano de los frascos de perfume. Inaugurado en 1961, es un gran museo desconocido por muchos barce-

Horario: lunes a viernes: 10:30-20 h. Sábado: 11-14 h. Domingos y festivos cerrado
Precios: entrada: 5€ / Entrada reducida: 3 €
Información: 932 160 121
www.museudelperfum.com

Bus: 7, 16, 17, 22, 24, 28. Bus Turístic, rutas norte y sur
Metro: L1 (Catalunya), L2 (Passeig de Gràcia), L3 (Catalunya, Passeig de Gràcia), L4 (Passeig de Gràcia)
FGC: Provença-La Pedrera
Renfe: Plaça Catalunya, Passeig de Gràcia

loneses, y una ocasión única para admirar las más de cinco mil piezas que tiene expuestas, entre recipientes antiguos y modernos, miniaturas, catálogos, etiquetas y material publicitario antiguo.

Pans&Company. Cadena catalana de bocadillos de alta calidad y de precio ajustado nacida en 1991 en Barcelona. Si se quiere comer en poco tiempo, es una buena opción.

41

Casa Amatller (1900). Por encargo del industrial chocolatero Antoni Amatller i Costa, que quería transformar un edificio de 1875, el arquitecto Josep Puig i Cadafalch apostó por darle la apariencia de palacio gótico urbano. En esta edificación modernista combinó el gótico catalán con el de los palacetes urbanos de los Países Bajos, y añadió detalles de inspiración medieval. Lo más sorprendente del edificio es la finalización superior escalonada de la fachada. El conjunto escultórico de la tribuna fue realizado principalmente por Eusebi Arnau, el autor del Sant Jordi que mata al dragón que hay entre las dos puertas asimétricas de la entrada y de las representaciones de animales y de las personas que representan las cuatro grandes artes

aplicadas: pintura, escultura, arquitectura y música. La Casa Amatller es ahora un museo que permite conocer la vida cotidiana de una familia de la burguesía barcelonesa en los inicios del siglo xx.

Está declarada bien cultural de interés nacional desde 1976.

🏛 Fundació Institut Amatller d'Art Hispànic.

En el segundo piso del edificio se ubica esta entidad, fundada por los descendientes de la familia Amatller y dedicada a la promoción y la búsqueda de la historia del arte hispánico. Es posible consultar su biblioteca con más de 26.000 volúmenes y un archivo fotográfico con medio millón de fotografías históricas. La colección del Instituto incluye unos 400 objetos de vidrio, piezas arqueológicas de la época romana, pinturas y esculturas medievales y barrocas, así como mobiliario, ejemplares de indumentaria litúrgica, tapices y pinturas de artistas como Ramón Casas y Lluís Graner, entre otros.

Precio: entrada general, 10 €
Información y reservas: 670 466 260
www.casessingulars.com
casessingulars@casessingulars.com
Biblioteca: lunes a viernes: 10-15 h. Sábado, domingo y festivos cerrado
www.amatller.org

Bus: 7, 16, 17, 22, 24, 28. Bus Turístic, rutas norte y sur
Metro: L1 (Catalunya), L2 (Passeig de Gràcia), L3 (Catalunya, Passeig de Gràcia, Diagonal), L4 (Passeig de Gràcia)
FGC: Provença-La Pedrera
Renfe: Plaça Catalunya, Passeig de Gràcia

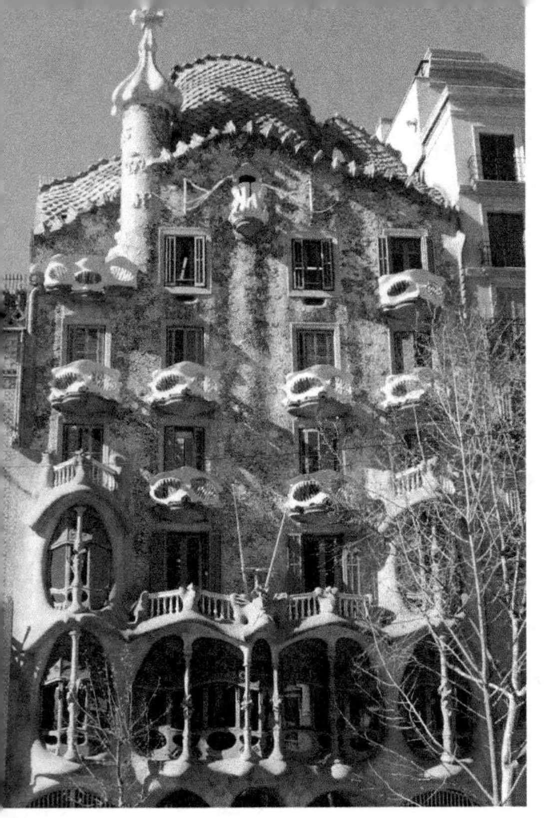

🛍 **Bagués-Masriera.** La joyería modernista por excelencia, con joyas que representan la figura femenina y la naturaleza, pero también referentes contemporáneos, ocupa uno de los locales más exclusivos de todo el paseo. Bagués-Masriera, fundada en 1839, ha convertido las joyas en verdaderas obras de arte. Coincidiendo con la expansión internacional de la marca, que ha llegado hasta Japón, en 2010 remodelaron el edificio donde hubo el taller original, en el número 105 de La Rambla, y abrieron el hotel *boutique* Bagués, con una sala museo que acoge la colección de joyería Masriera.

🏛 🏛 **Casa Batlló** (1906). Esta fabulosa casa, que puede recordar a un dragón acostado o a una calavera o incluso a un disfraz de carnaval, es obra del genial arquitecto Antoni Gaudí, y un encargo del empresario textil Josep Batlló, quién quiso remodelar un edificio convencional construido en 1877. Lo más espectacular es la fachada, elaborada con hierro forjado, cerámica, piedra y trencadís de vidrio, para la cual Gaudí contó con la colaboración de los mejores artesanos del momento, que le ayudaron a hacer realidad detalles como los balcones en forma de máscaras, el tejado que representa la espalda del dragón coronada con azulejos de diferentes colores o los pilares y las columnas de las ventanas que representan los huesos del mismo. Una visita al interior, expresión de sen-

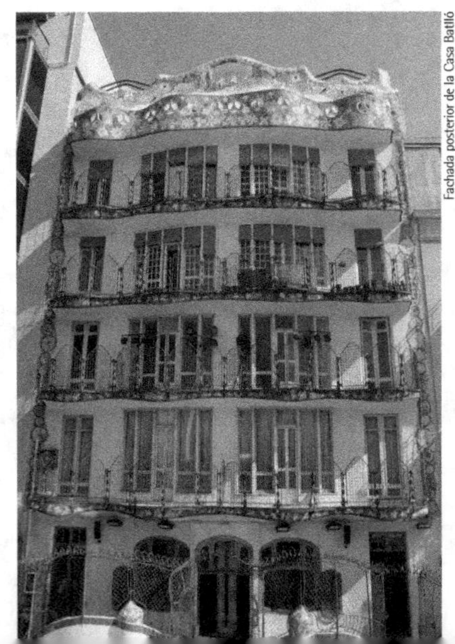

Fachada posterior de la Casa Batlló

sualidad y armonía, es más que recomendable para admirar la cuidadosa decoración y poder visitar la azotea y el sótano. Hay cafetería y tienda de *merchandising*, y servicio de audioguía. Se puede acceder todos los días del año. También es posible alquilar algunos espacios para la celebración de ciertos eventos.

Está declarada bien cultural de interés nacional desde 1962 y Patrimonio Mundial de la Unesco desde 2005. **Curiosidad:** cuando en 1905 la firma francesa Pathé Frères, distribuidora de un producto tan innovador como el cinematógrafo, quiso instalarse en Barcelona, lo hizo en los bajos de la Casa Batlló. Cuando el edificio estaba casi terminado, en 1907, el hijo del socio del señor Batlló, Pere Milà, lo pudo visitar y admirar. Al conocer al arquitecto, le aseguró que el próximo encargo sería el suyo. No sabían que estaban hablando de la joya del modernismo catalán, la futura Casa Milà, más conocida como La Pedrera.

Barclays. En el chaflán del paseo de Gràcia con la calle Aragó, en un edificio residencial que tiene sus orígenes en 1879, se encuentran las oficinas centrales en Barcelona de este banco británico.

Horario: lunes a domingo: 9-21 h (última admisión 20:20 h)
Precios: adultos: (+18): 21,50 € / Juniors (7-18 años): 18,50 € / Carné de estudiante: 18,50 € / Séniores (+65): 18,50 € / Residentes provincia Barcelona: 15 € / Menores (-7): gratuito
Información: 932 160 306
www.casabatllo.es

Bus: 7, 16, 17, 22, 24, 28. Bus Turístic rutas norte y sur
Metro: L1 (Catalunya), L2 (Passeig de Gràcia), L3 (Catalunya, Passeig de Gràcia, Diagonal), L4 (Passeig de Gràcia)
FGC: Provença-La Pedrera
Renfe: Plaça Catalunya, Passeig de Gràcia

Fundació Antoni Tàpies

Este es el museo, centro cultural, archivo y sede de la fundación de uno de los pintores catalanes más importantes del siglo xx, Antoni Tàpies (1923-2012), representante del informalismo y las vanguardias, que creó una forma de expresión propia en la que se combinan tradición e innovación en un estilo abstracto pero lleno de simbolismo, dando una gran relevancia al sustrato material de la obra.

Aquí es posible admirar la exposición permanente de la obra de Tàpies, además de exposiciones temporales. La fundación, creada por Tàpies en 1984 para promover el estudio y el conocimiento del arte moderno y contemporáneo, combina la organización de exposiciones temporales, simposios, conferencias y ciclos de cine con la edición de publicaciones que acompañan las actividades y las muestras periódicas dedicadas al gran artista catalán.

La colección está constituida mayoritariamente por pinturas, esculturas, dibujos, libros y grabados que muestran las vertientes artísticas de Tàpies, así como las diferentes tipologías, técnicas y materiales que usó durante su carrera.

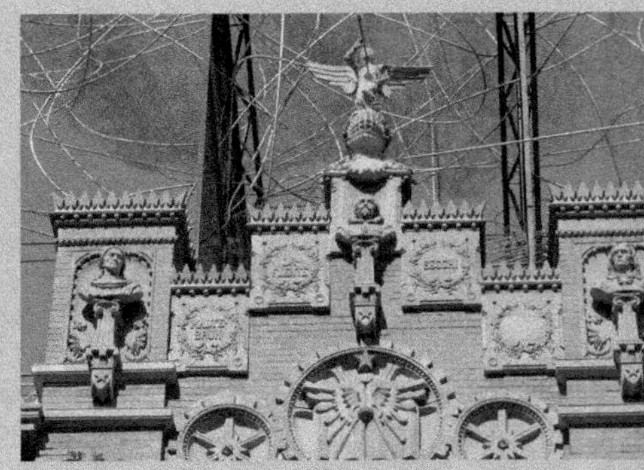

El edificio de la Fundació

1879: el editor Ramon Montaner encargó la construcción de un edificio a su sobrino, Lluís Domènech i Montaner (1849-1923) para su editorial, Montaner i Simon. El edificio constituyó una de las primeras muestras del modernismo arquitectónico barcelonés. Fue el primero en integrar el ladrillo visto y el hierro, que gracias a

su resistencia y levedad permite crear espacios en plantas más libres y más grandes. A pesar del uso de materiales eminentemente industriales, la estructura del edificio es la de un palacio, con su impluvio central. La fachada incorporó una serie de elementos simbólicos que enfatizan la modernidad industrial de la editorial. Cuando, en 1981, esta tuvo que cerrar las puertas, Antoni Tàpies visitó el edificio y advirtió las posibilidades que tenía para el proyecto de la Fundació Antoni Tàpies.

1986-1990: las obras de rehabilitación y acondicionamiento del edificio estuvieron a cargo de Roser Amadó y Lluís Domènech Girbau. Con la intención de elevar la altura del edificio, que había quedado encerrado entre las paredes medianeras de las casas

contiguas, y para subrayar la nueva identidad, Antoni Tàpies ideó una escultura que corona el edificio, *Núvol i cadira* (1990), hecha con la colaboración técnica de Pere Casanovas, que abrió una gran polémica ciudadana. En junio de 1990 se inauguró la nueva sede de la Fundación.

2008-2010: el estudio Ábalos+ Sentkiewicz Arquitectos llevó a cabo una segunda reforma del edificio para adecuarlo a las normas actuales de accesibilidad y para recuperar su carácter industrial original. En esta ocasión, se instaló la obra de Antoni Tàpies *Mitjó* ('Calcetín': maqueta, 1991; obra, 2010) en la terraza de la fundación, situada en lo alto del nuevo edificio de oficinas.

Calle Aragó dirección Llobregat

Aragó, 272

 **Servei Estació.** Entrar en el edificio supone un festival cromático para la vista y táctil para las manos. Es una tienda histórica del centro de la ciudad, que abrió como gasolinera y tienda de repuestos y servicios para automóviles en 1928, llamada Service Station. Durante la Guerra Civil fue colectivizada y, con la llegada de la dictadura del general Franco, se tuvo que castellanizar el nombre, que pasó a ser Servicio Estación. En las décadas de 1950-1960 se diversificó el negocio, introduciendo bicicletas, motocicletas y el mundo de la ferretería. Ha evolucionado hasta convertirse en un lugar de referencia donde ir a buscar materiales y soluciones relacionadas con el bricolaje, la decoración y el diseño del hogar o los espacios empresariales y comerciales. La última reforma, en 2010, modernizó por completo la tienda, mereciendo el Premio al Mejor Establecimiento Comercial de la ciudad de manos del Ayuntamiento. Continúa ofreciendo todo tipo de plásticos, maderas, corchos, metacrilatos, alfombras o hules a quien lo necesite o a quien simplemente quiera disfrutar un rato de formas y colores infinitos. En la segunda planta se puede acceder a un patio desde donde se pueden ver las fachadas traseras de la Casa Batlló, la Casa Amatller y, más lejos, la Casa Lleó Morera.

Aragó, 261

 **Mussol.** Restaurante de cocina catalana para disfrutar de verduras de temporada y carnes preparadas con recetas tradicionales.

Aragó, 255

🏛 **Fundació Antoni Tàpies.** Véase el comentario destacado de las páginas 48-49.

Desde Aragó hasta València

Números 47-59

Aragó

47

Desigual. Se ha hecho un hueco en el mercado español e internacional con campañas publicitarias a veces polémicas. Ofrece una ropa de estilo muy desenfadado y colorido, que llena muchos armarios.

Max & Co. Es la marca más asequible de la casa Max Mara. Ofrece prendas para vestir el día a día de la mujer urbana y elegante, con siluetas marcadas y limpias inspiradas en la costura italiana. Atención a los muebles que decoran esta tienda y que le dan un aire muy propio de los años cincuenta.

49

 **Sisley.** La alta costura de la familia de United Colors of Benetton presenta unas colecciones urbanas e informales pero elegantes, con todos los complementos necesarios.

Hackett. Es una marca británica que invita a vestir a sus clientes, adultos y niños, como los *gentleman* de ese país. Esta tienda dispone de 320 m^2 repartidos en dos plantas decoradas con madera oscura, moqueta y luz tenue, que da un aire de seriedad al ambiente. Cuenta con probadores privilegiados con vistas al paseo.

51

Lacoste. Es una de las marcas más icónicas. Fundada en 1933 por el campeón de tenis francés René Lacoste, quien inventó el polo que aún hoy es la insignia de la marca, en el que se bordó un cocodrilo ya que este era el mote con el que lo bautizaron los periodistas deportivos. Hoy ofrece ropa deportiva para hombres, mujeres y niños, así como calzado, fragancias y complementos de todo tipo.
Curiosidad: los bajorrelieves que se observan a ambos lados de la entrada de la tienda son obra de un importante escultor catalán, Frederic Marès, y se titulan *El treball*. Fueron elaborados en 1950 para una antigua oficina del Banco Hispano Americano, ahora sustituida por la tienda Lacoste.

Rocamora Apartments. Para estancias en la ciudad que se quieren vivir como si se hicieran en pisos señoriales del Eixample, con las molduras, los pavimentos hidráulicos y el ascensor tradicional.

 **Liu Jo.** Esta marca italiana de los hermanos Marco y Vannis Marchi, desde 2012 ofrece su estilo refinado y glamuroso en ropa, zapatos y complementos para mujer, también con una línea exclusiva para el público infantil.

53

 **Puma.** Esta es la tienda para los fans de los zapatos deportivos de edición limitada. También hay ropa deportiva y complementos.

53

Bulevard Rosa. Centro comercial con dos bocas de entrada en el paseo de Gràcia (también en los números 55-57), dos más en la calle paralela, la rambla de Catalunya, y otras dos en las calles Aragó y València. Se

encuentran más de sesenta tiendas dedicadas a la moda, la cosmética, el calzado, las joyas, los complementos o la alimentación, además de cafeterías y restaurantes.

Curiosidad: en este solar hubo uno de los más elegantes café-restaurante de la ciudad: el Salón Rosa. Inaugurado en 1932, fue un punto de encuentro de la alta sociedad barcelonesa hasta 1974, cuando se derribó el edificio.

Fishop. Restaurante para amantes del pescado y el marisco, ya sea a la mediterránea o a la japonesa. Se bajan unas escaleras para elegir el marisco fresco, que se puede degustar en el sótano o en las mesas exteriores del paseo.

Edificio Publi (1977). Este edificio de oficinas, blanco y con ventanas ovaladas que le dan un cierto aire de nave espacial, es obra del arquitecto Josep M. Fargas Falp.

Nespresso. La conocida marca de café ofrece sus cápsulas de todo tipo de sabores y aromas para los propietarios de las cafeteras que permiten hacerse el mejor «espresso» sin salir de casa.

Bulevard dels Antiquaris. Subiendo las escaleras se llega a un conjunto de tiendas con piezas antiguas y de coleccionista que hacen las delicias de los aficionados a este tipo de mobiliario y objetos.

Orogold Cosmetics. Pequeño establecimiento de productos de cosmética especializado en cosméticos fabricados con partículas de oro coloidal de 24 quilates. El secreto de su cosmética es el oro puro.

Bimba y Lola. El escaparate da al paseo y una escalera conduce hacia el resto de la tienda, que está en el sótano. Es una marca de moda española creada en 2005 por las hermanas María y Uxía Domínguez. Ofrece una completa colección textil y de complementos de moda, con diseños originales y estampados únicos, en una singular selección de materiales, acabados, colores y siluetas.

Furla. Desde 1927 y desde una villa italiana de las afueras de Bolonia, la familia Furlanetto elabora bolsos para mujer con una doble divisa: simplicidad y belleza. La misma que ha marcado la decoración de esta tienda, donde la distribución cromática y espacial de los bolsos es el principal reclamo.

Rabat Flash. Bajo una estructura que deja adivinar la antigua farmacia modernista Martín Lledó se ubica una de las dos joyerías de esta marca en el paseo de Gràcia (la otra está en el número 99), también especializada en relojes de lujo. Durante la visita, merece la pena admirar el mobiliario que se ha conservado de la antigua farmacia.

Calle València dirección Llobregat

València, 272

Magerit. Primera *flagship store* de esta joyería de Ramón Jiménez Barbara, fundada en 1994. Se trata de una *boutique* de elegantísima decoración que debe ser tenida en cuenta. El nombre de la joyería es el antiguo nombre árabe de la ciudad de Madrid, de donde es originaria la marca.

València, 249

Miu Sushi. Perteneciente a una cadena que tiene otros restaurantes en Barcelona, todos de precios ajustados y calidad más que aceptable, ofrece cocina japonesa clásica. Se deben bajar unas escaleras para acceder al comedor del restaurante, que está decorado con tonos blancos y turquesas.

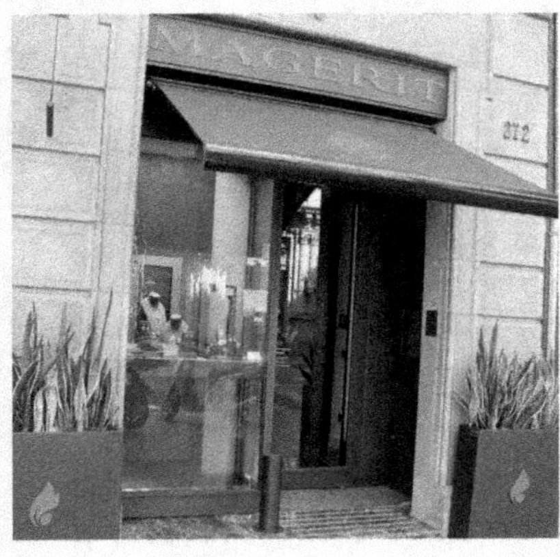

A vista de pájaro: las terrazas

Cuando hace buen tiempo, normalmente de mayo a octubre, muchos hoteles y edificios de Barcelona —también los del paseo de Gràcia— ofrecen la posibilidad de disfrutar de la ciudad desde una situación privilegiada. Durante el día o por la noche, la terraza Alaire del hotel Condes de Barcelona, la Blue View de hotel Casa Fuster, en lo alto del paseo, la Dolce Vitae del Majestic, el Terrat del Mandarin Oriental, o los hoteles Royal Passeig de Gràcia, el Omm, el Índigo, el Renaissance Barcelona Hotel, el Gallery Hotel o el H10 Catalunya Plaza abren sus terrazas a todos aquellos que quieran ver el paseo de Gràcia y Barcelona a vista de pájaro. Otros establecimientos también son un buen punto de observación de la ciudad, como la terraza de los apartamentos Suites Avenue Luxe, la de los almacenes El Corte Inglés en la plaza de Catalunya o, muy especialmente, la azotea de La Pedrera en las noches de verano, cuando se programan actuaciones musicales. En cualquier caso, no hay que estar alojado en los hoteles para tomar una copa o degustar los menús. Si, además, se visita la ciudad durante el mes de junio, hay la posibilidad de participar en la **Semana de las Terrazas de los Hoteles de Barcelona**, organizada por el Gremi d'Hotels de Barcelona, en la que más de sesenta establecimientos ofrecen fiestas, actuaciones, talleres, exposiciones, actividades infantiles, propuestas gastronómicas y música en directo.

La Barcelona Shopping Night

Inspirada en la Fashion Night Out de Nueva York que la todopoderosa directora de *Vogue* Ana Wintour proyectó para la ciudad de los rascacielos, la Barcelona Shopping Night transforma desde 2010 el paseo de Gràcia en el escenario ideal para una noche singular: el tráfico queda cortado, más de ochenta tiendas abren sus puertas e instalan paradas en el exterior con exhibiciones de piezas de moda, degustaciones de comida y bebida, espectáculos de todo tipo, *photocalls* para que todo el mundo se sienta estrella por un día y, claro está, importantes descuentos que hacen de reclamo para un público sediento de buenos precios pero también de experiencias diferentes. Pasear, entretenerse y comprar: las tres actividades que hacen del paseo de Gràcia el auténtico corazón de la ciudad de Barcelona, ahora también por la noche. Algunas de las actividades que se pueden realizar durante esta noche tan especial son: posar ante ilustradores del Istituto Europeo di Design, que dibujan el *look* de acuerdo con el perfil y las tendencias del «modelo por una noche», degustar productos personalizados por chefs tan prestigiosos como Carme Ruscalleda o Martín Berasategui, hacerse un corte de pelo solidario, o entrar en mil y un sorteos de lotes de productos de belleza o becas para estudiar moda en las mejores academias de la ciudad. Si se es más afortunado, se puede asistir a la fiesta temática que unos pocos días antes se celebra en el palacio de la Virreina, en La Rambla, y que da el pistoletazo de salida de las celebraciones. En el año 2013, para conmemorar los doscientos años del nacimiento de Wagner, el tema que decoró todo el palacio fue el *Walhalla*, una pieza de este compositor alemán. El mismo año, la Barcelona Shopping Night recibió la visita de más de 60.000 personas.

Mallorca

Desde València hasta Mallorca

València

63

 **Guess.** Una de las dos tiendas de esta marca originaria de Estados Unidos en el paseo (la otra está en el número 13), para un estilo de vida juvenil, *sexy* y aventurero, con una línea completa de ropa y accesorios para hombre, mujer y niños, además de lencería, fragancias y regalos.

65

Casas Jofre (1910). Este edificio fue encargado por los hermanos Josefa y Alexandre Jofre al arquitecto Bonaventura Bassegoda Amigó, quien proyectó una fachada para unir dos casas. Destacan los dos cuerpos laterales más elevados, coronados con unos hastiales florales que hacen de torres, donde está representada la fecha 1906, aunque el edificio no se terminó hasta cuatro años más tarde.

Mango. Es la marca que el conocido empresario catalán de origen turco Isak Andic creó en Barcelona en 1984. Desde entonces, se ha expandido a más de cien países donde tiene cerca de 2.000 puntos de venta, uno de los cuales es esta tienda de ropa y complementos para mujeres.

Uterqüe. La *boutique* de complementos nacida en 2008 tiene una clara premisa: que los accesorios se conviertan en elemento básico del fondo de armario femenino, entendiendo como accesorios tanto bisutería como fulares, marroquinería, cinturones, gafas, guantes y zapatos.

Oysho. Es una cadena de *boutiques* de ropa interior, moderna, cómoda y a precios asequibles. Esta tienda es, por su ubicación y diseño, una de las más atractivas de la cadena: suelo de pizarra, decoración con toques orientalistas y emplazamiento en un edificio del siglo XIX la hacen especial.

Tru Trussardi. Es la línea juvenil, urbana y *casual* de la emblemática marca de guantes Dante Trussardi, nacida en Bérgamo en 1911. Desde 2005 ha sabido hacerse un hueco gracias a un concepto de moda nada revolucionario pero muy efectivo. Colecciones para hombre, mujer y niños de estilo chic, elegante y funcional.

Majestic Residence. El grupo hotelero Majestic inauguró en 2011 la remodelación de este edificio en apartamentos turísticos de lujo, para estancias de larga duración o para familias. Hay un total de 28, de entre 90 y 170 m².

United Colors of Benetton. La archiconocida marca italiana de ropa informal multicolor también tie-

ne tienda en este paseo, aquí con el nombre completo en letras de neón.

 **71**

🛍 **Escada Sport.** La marca alemana de moda de alta costura (que se puede encontrar en el número 79) se ha diversificado y ha abierto una línea de precios más bajos pero igualmente chic.

Curiosidad: si desde la acera de enfrente miramos la azotea de este edificio, observaremos una cúpula metálica que desde 1953 hasta 2005 fue el observatorio de la **Agrupació Astronòmica de Barcelona, Aster,** cuando desde el paseo de Gràcia casi se podía tocar el cielo.

🍴 **Moncho's.** Es un clásico de la restauración en Barcelona, donde cuenta con catorce establecimientos especializados en pescado y marisco. Platos y tapas que se pueden degustar en la terraza o en el interior.

 **73**

🏢 **Condes de Barcelona** (5*). Con 126 habitaciones, piscina exterior, solárium y salones para eventos,

este es uno de los hoteles más señoriales del paseo. La restauración está supervisada por el chef vasco Martín Berasategui, que también regenta el restaurante anexo Loidi. Tiene acceso a la Terraza Alaire, bar y coctelería con una localización de excepción.

La Perla. Esta marca de lencería italiana de lujo tiene aquí su segundo emplazamiento en la ciudad, en un local de 250 m². Colecciones exquisitas de lencería, moda de baño, zapatos y pijamas. También ropa interior y de baño para hombres.

Zadig & Voltaire. Firma de moda francesa de Thierry Gallier, de alma parisina y estilo *rock* chic para personas atrevidas: mallas, cuero negro, tejidos metalizados, botines y las famosas «calaveras».

Calle Mallorca dirección Llobregat

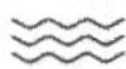

Mallorca, 248-250

Loidi. Es un restaurante dirigido por el prestigioso chef vasco Martín Berasategui. En la barra es posible degustar algunos de los platos o tapas exquisitos a un precio no tan prohibitivo como si se consumen en la mesa.

Terraza Alaire. Una propuesta gastronómica y musical en la octava planta del hotel Condes de Barcelona, con magníficas vistas de La Pedrera y la Sagrada Familia y una selección de cócteles, tapas y bocadillos.

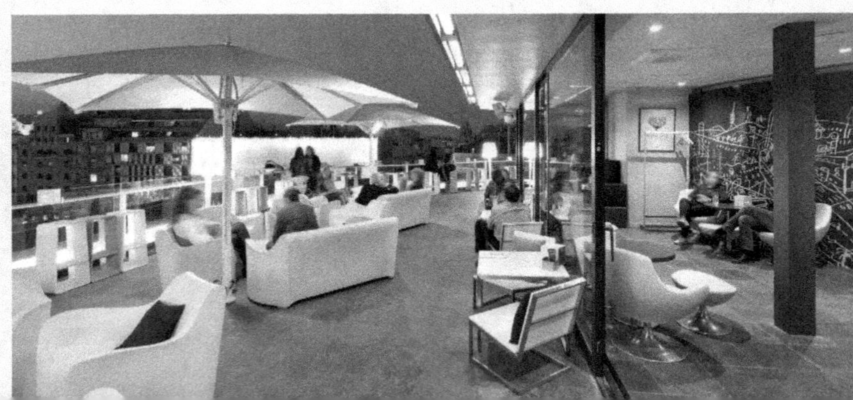

Mallorca, 246

🛍 **Comestibles Jordi Forcada.**
Uno de los últimos reductos del comercio tradicional de barrio, fundado en 1875 por Josep Forcada i Davi, y precedente de los actuales supermercados. Todavía dirigen la tienda miembros de la cuarta generación de la familia que la inauguró, y que ha alimentado a las casas señoriales del paseo de Gràcia y la rambla de Catalunya durante más de cien años.

Mallorca, 259

🍴 **Lasarte.** Restaurante situado en los bajos de la Casa Enric Batlló, que forma parte del hotel Condes de Barcelona, pero con libre acceso. Cerrado por reformas en el período 2014-2015.

Mallorca, 253-257

🏛 **Casa Ángel Batlló.** Conjunto de tres edificios con fachada unitaria, alzados en 1896, destinados a uno de los hermanos de la familia Batlló, y proyectados por el arquitecto Josep Vilaseca i Casanovas. La fachada consta de seis cuerpos idénticos, coronados con un arco apuntado sobre columnas, que se unen horizontalmente a los balcones corridos del piso principal y del superior. Los interiores de los arcos y de las pilastras que separan los seis cuerpos están ornamentados con esgrafiados de motivos florales.

Mallorca, 251

🏨 **Alexandra Barcelona a Double Tree by Hilton (4*).** Un hotel de diseño funcional, cálido y moderno, donde se cuida al máximo cada detalle. Dispone de cuatro salas para eventos y celebraciones.

🍴 **Da Luca.** Un restaurante de carácter genovés, especializado en la cocina italiana de la región de Liguria, ofrece tradición y excelencia culinaria.

Santa Eulalia, la tienda de moda con más historia de la ciudad

Este es el templo de las tiendas tradicionales de Barcelona. En 1843, Domingo Taberner Prims abrió la primera tienda Santa Eulalia, el nombre de la cual remite a la patrona de la ciudad, en La Rambla, en el Pla de la Boqueria, y en 1926 celebró su primer desfile de alta costura. En 1941 la empresa se amplió con un nuevo establecimiento en el número 60 del paseo de Gràcia. En 1944 cerró la tienda de La Rambla y se abrió otra, sólo para hombres, en el actual emplazamiento del paseo de Gràcia, 93. En la década de los sesenta se amplió el negocio a marcas femeninas y a las primeras colecciones *prêt-à-porter*, celebrándose desfiles en la misma tienda con tanto éxito que se exportaron a Nueva York y la ciudad marroquí de Tánger. En 1995 tuvo lugar el último desfile de alta costura en la tienda y, a partir de 2006, se relanzaron las colecciones de moda *prêt-à-porter* femenina.

Después de una remodelación encargada al arquitecto norteamericano William Sofield, en 2011 reabrió la nueva Santa Eulalia, un establecimiento cosmopolita y lleno de tradición, digno de ser visitado.

En Santa Eulalia cada elemento es un regalo para la vista, desde su logotipo, puro *art déco* creado en 1926. En los más de 2.000 m² que ocupa, dispone de restaurante, cafetería y terraza ex-

Tienda Santa Eulalia en el Pla de la Boquería en 1920

Edificio de Santa Eulalia en el paseo de Gràcia, 60, en 1941

aprovechado partes del ascensor de los años veinte, así como sillas y azulejos *art déco*. Los escaparates y la escalera de roble provienen de la tienda de paseo de Gràcia, 60. En la cafetería, la barra proviene de un antiguo bar de Toulouse, las sillas Thonet se han tapizado con una reedición de un histórico estampado Liberty y las mesas son de mármol serigrafiado con pies de hierro forjado. En la terraza ajardinada, las sillas metálicas Tolix tienen un diseño de 1927.

Pero no todo son recuperaciones: atención a las dos sillas modelo Barcelona tapizadas en color amarillo situadas en una de las entradas, además de las enormes lámparas de suspensión de cristal de la fachada, diseñadas por Miguel Milà. Un auténtico festival para la vista y una experiencia inolvidable.

terior en el piso superior, una *pop-up store* y unos amplios espacios para las colecciones de hombre y mujer.

Es obligado bajar a la planta inferior para admirar el trabajo de los sastres, que toman las medidas de los clientes para confeccionar camisas y pantalones. Hay que pararse un momento a observar los patrones de cartón de los clientes que se conservan, clasificados por orden alfabético, de los clientes. El piso superior luce entre vitrinas, espejos biselados, mostradores de aire *retro* y sofás capitoné de terciopelo. La tarea de investigación y de recuperación de la tradición histórica de la tienda ha sido minuciosa: parte del mobiliario proviene de la primera Santa Eulalia de La Rambla. Se han

Desde Mallorca
hasta Provença

Números 75–87

 **Casa Enric Batlló** (1896). Proyectada por el arquitecto Josep Vilaseca i Casanovas, se trata de una casa noble que combina el ladrillo visto con la piedra y los paneles cerámicos. El piso principal luce una tribuna exterior muy elegante con detalles ornamentales de piedra y medallones con motivos heráldicos, además de las decoraciones inferiores de los balcones, hechas de cerámica. Los elementos decorativos de hierro forjado que destacan en las barandillas y la fachada están diseñados por Lluís Domènech i Montaner. La

terraza superior, que cuenta con una pequeña piscina, es de libre acceso y ofrece unas vistas privilegiadas del paseo de Gràcia. (Durante el período 2014-2015, el edificio está cerrado por reformas del hotel Condes de Barcelona, que reabrirá convertido en un cinco estrellas de máximo lujo.) **Curiosidad:** si se es mitómano literario, hay que fijarse bien en los clientes que se pueden encontrar en el restaurante, la cafetería o el vestíbulo del hotel, porque se puede tener la fortuna de encontrar escritores como Paul Auster o Martin Amis, la editorial española de los cuales, Anagrama, los aloja siempre en este hotel.

Tous. Este es uno de los establecimientos de la joyería Tous en el paseo (el otro está en el número 18). Fundada en 1920, con sede central en Manresa, es la distribuidora oficial de la marca de relojes Rolex, y ofrece sus conocidas joyas, bolsos y complementos.

Novecento. Joyería especializada en joyas antiguas y en compra y venta de oro.

77

Casa Josep Borràs (1925). El cuerpo central sobresaliente que destaca y forma cuatro galerías —la inferior enmarcada por dos paneles esculpidos, y las dos superiores, por dos pares de columnas de capitel corintio—, es producto de una reforma llevada a cabo por el arquitecto Francisco de Paula Nebot, quien también añadió la planta superior.

🛍 **Hermès.** Con 254 *boutiques* en todo el mundo, nació en 1837 en París como tienda de complementos para la equitación, y todavía hoy está en manos de los descendientes de la familia Hermès. Se enorgullece de fabricar sus bolsos de piel de manera totalmente artesanal y con un lujo que huye de la ostentación. Aquí se pueden admirar dos de sus creaciones más inmortales: los bolsos Birkin y Kelly, bautizadas en honor de las actrices Jane Birkin y Grace Kelly, además de una amplia selección de los famosos perfumes, corbatas, pañuelos, relojes y joyas. Vale la pena detenerse a contemplar el escaparate, que suele ser muy especial.

79

🏛 Singular edificio de fachada azul que reúne dos establecimientos:

🛍 **Escada.** Una idea de 1976 ha triunfado en todo el mundo: el chic de la *haute couture* también puede democratizarse o, al menos, intentarlo. Los alemanes Margaretha y Wolfgang Ley fueron los fundadores, y hoy, que ya no están, la marca ha ampliado su radio de acción con la creación de Escada Sport, pero el espíritu de «lujosa sofisticación y alegre escapismo» con la que se definió se mantiene todavía como lema. Ropa y complementos para mujeres que

quieren disfrutar de la elegancia y el *glamour* actual.

🛍 **Karen Millen.** La marca británica nacida en 1981, se instaló en el paseo de Gràcia en 2010 con esta tienda que combina el plateado y el vidrio. Moda urbana y funcional, complementos y zapatos con un toque glamuroso. Para mujeres.

81

🛍 **Stuart Weitzman.** Zapatería bautizada con el nombre de su diseñador alemán. Es una de las más lujosas del mundo, con tiendas en Milán, Nueva York y París, entre otras ciudades. Se atreve con todo tipo de materiales (corcho, plástico, vinilo y papel de pared, pero también oro de 24 quilates) e incluso ha diseñado una línea *elegant espadrille*, que permite comprar una reelaboración de las míticas «camping» por 315 €: nunca la nostalgia había sido tan cotizada. Para la *boutique* de Barcelona, de un blan-

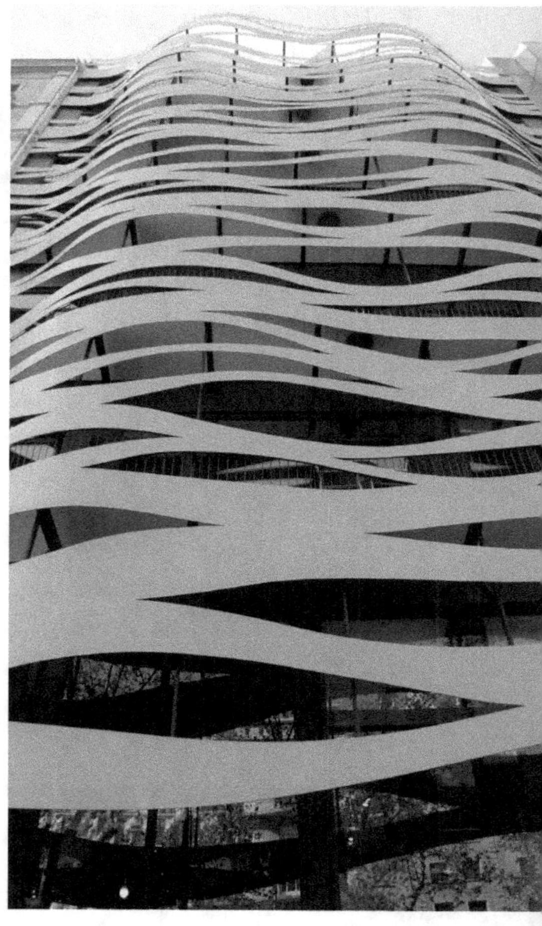

co resplandeciente, los decoradores han creado un espacio que recuerda al de La Pedrera, con ondulaciones en las paredes.

83

 Suites Avenue Luxe (2009). La espectacular fachada de aluminio ondulado y color granate que cubre este edificio de apartamentos de lujo es obra del prestigioso arquitecto japonés Toyo Ito. Dialoga con la fachada de La Pedrera, que queda al otro lado del paseo de Gràcia: la vista del edificio de Gaudí desde dentro de los apartamentos es espectacular. Son 41 apartamentos ideales para estancias de media y larga duración, que cuentan con gimnasio, sauna, piscinas exteriores, solárium, terraza comunitaria, salones para reuniones, aparcamiento e incluso un museo que exhibe obras de arte hindú y budista.

Curiosidad: hasta su remodelación en 2008, este fue el edificio de oficinas Europa, construido en 1962 después de derribar la casa modernista Viuda Almirall.

Hugo Boss. Lo que comenzó en 1924 en un pueblecito de Alemania como una pequeña tienda de ropa para hombre se ha convertido en marca mundial de ropa masculina y femenina de corte clásico y factura moderna para jóvenes ejecutivos, donde también pueden encontrar ropa para el fin de semana. Esta es su tienda principal en Barcelona y cuenta con secciones para hombre y mujer repartidas en dos plantas. Las colonias y perfumes que en 1984 dieron un nuevo impulso a la marca están bien representados, con clásicos como Boss Bottled o Hugo: Hugo Boss. Su eslogan para anunciarlos resume el espíritu de la marca: «No espero el éxito. Me preparo».

Carolina Herrera. Haciendo chaflán con la calle Provença, una serie de toldos rojos con las conocidas iniciales CH cubren los escaparates de esta tienda de la diseñadora venezolana arraigada en Nueva York: vestidos, pantalones, camisetas, jerséis, chaquetas, zapatos, perfumes exclusivos, gafas de sol, bolsos, joyas y pañuelos con personalidad.

Circa. El ático con vistas a La Pedrera de este edificio fue seleccionado por la marca de joyas neoyorquina para abrir mercado en Europa en 2012, antes que Milán o Madrid. El secreto del éxito de esta empresa es el de proporcionar un ambiente de lujo y discreción a los poseedores de una joya de la que, por un motivo u otro, se quieren desprender. Es el lugar y el ambiente ideal para realizar este tipo de operaciones.

85

AndBank. Con una espectacular fachada de paneles de vidrio, este edificio alberga la sede de la entidad bancaria andorrana y con sede en Luxemburgo desde 2010.

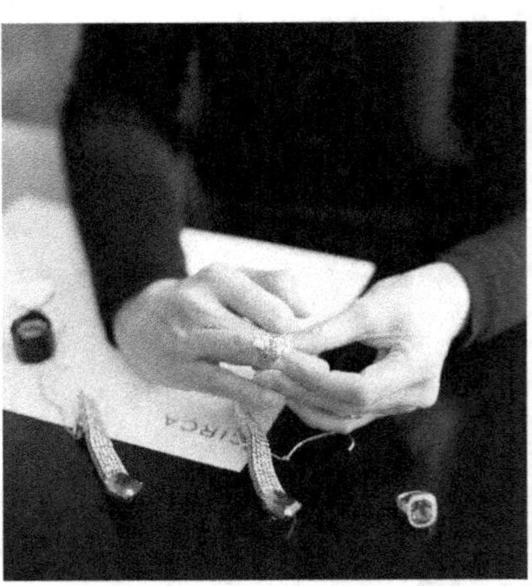

Calle Provença dirección Llobregat

Curiosidad: la calle Provença hacía de frontera entre Barcelona y la villa de Gràcia, y en el cruce con el paseo de Gràcia había un fielato, una oficina de recaudación de los derechos de entrada a la ciudad de ciertas mercancías. Aquí, en 1830 se instaló la fuente de Ceres, que hoy se puede ver en el mirador del Llobregat, en la montaña de Montjuïc.

sombreros, pamelas y tocados de los años cuarenta, bolsas rígidas de los treinta o porcelana inglesa del siglo XVIII son algunos de los objetos con magia que Tatiana Almagro comparte en este rincón único y un poco escondido de la ciudad, en el semisótano izquierdo de este edificio imponente, en el que, antes de bajar a la tienda, se puede admirar la entrada y la escalinata que lleva hacia los pisos superiores.

Provença, 292

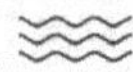 **Purificación García.** La diseñadora gallega Purificación García abrió en 2011 una tienda, de más de 300 m², de ropa y complementos para hombres y para mujeres en un espacio donde reinan la sobriedad y el buen gusto característicos de esta marca.

Cortana. En el semisótano derecho encontramos la tienda de ropa de la diseñadora mallorquina Rosa Esteva, ganadora del premio T de Telva como mejor diseñadora española en 2012. Colecciones sobrias y elegantes para mujeres.

Provença, 290

Magnolia Antic. Vestidos de Hermès, Chanel y Pedro Rodríguez,

Provença, 288-286

El Principal. Uno de los restaurantes con un enclave de los más auténticos del entorno del paseo de

Gràcia: un piso principal de finca se-ñorial del Eixample. Hay que visitar el jardín posterior, donde también se puede comer. Hay menús de medio-día entre semana y el fin de semana, y se ofrece el alquiler de salas y espa-cios para banquetes y celebraciones.

Provença, 284-282

Instituto Saurina. Centro de estética con más de 1.300 m², distri-buidos en tres plantas y 19 cabinas, para tratamientos faciales y corpo-rales. Incluye un área de medicina estética, Saurina Clinic.

Rambla de Catalunya, 99

Museu de la Perruqueria Raffel Pagés. Un espacio para co-nocer el mundo de la peluquería y de la imagen de las personas a lo largo de la historia, en su cotidianidad y en sus expresiones artísticas. Objetos de

uso personal, artesanías, herramien-tas profesionales, frascos, grabados, fotografías, juegos, publicaciones, documentos y un largo etcétera for-man la colección de 4.000 piezas del museo. Un recorrido que empieza en Mesopotamia y pasa por las cultu-ras egipcia, griega y romana, la Edad Media, la afirmación pública de la peluquería en Europa a partir del si-glo XVIII, la época moderna y hasta lle-gar a nuestros días, cuando en el si-glo XX se desarrolla propiamente una industria vinculada a la peluquería y el cuidado del cabello.

> **Horario:** lunes a viernes: 9-18 h. Sábados: 9-13 h
>
> **Precios** (con visita guiada): Individual: 7,50 € / Grupos: 3,50 €
>
> **Información y reservas:** 932 052 419
> museum@raffelpages.com
> www.museumraffelpages.com
>
> **Bus:** 7,16,17, 22, 24, V17, H10
> **Metro:** L3, L5 (Diagonal)
> **FGC:** Provença-La Pedrera
> **Renfe:** Passeig de Gràcia

Provença, 241

Mauri. Este establecimiento con decoración modernista es una de las mejores pastelerías de la ciudad, inaugurada en 1929 por Francesc Mauri. Además, ofrece servicio de ca-fetería, restaurante, comida para lle-var, charcutería y repostería salada. Hace esquina con la otra gran aveni-da de la ciudad y paralela al paseo de Gràcia, la rambla de Catalunya.

Desde Provença hasta Rosselló

Números 89-99

Hoss Intropia. Colorida propuesta de moda española para mujeres. Desde 1994, tiene tiendas en más de cuarenta países.

Anna Mora. La modista catalana propone ropa para la mujer actual.

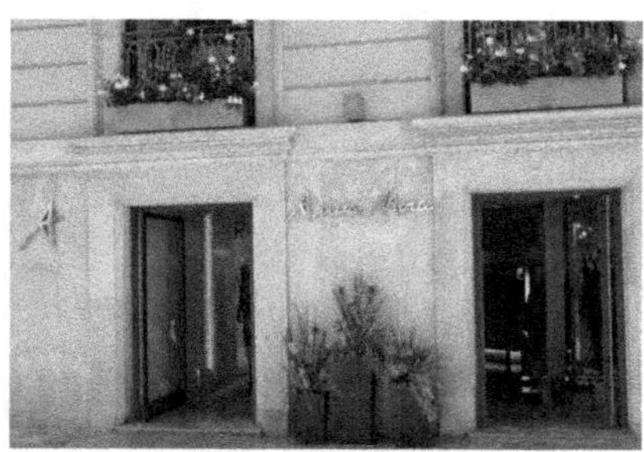

Ernest Oriol. Bajo unos toldos azul marino en el primer piso y unas letras doradas, esta pequeña joyería garantiza que la gran diferencia con el resto de joyerías recae en que todo el proceso, desde la selección de piedras hasta la fabricación y la venta, está directamente supervisada por ellos. Desde 1951 hasta hoy, joyas exclusivas y de calidad, servidas en un ambiente que reproduce con éxito una antigua casa burguesa: suelo de moqueta, mesas y sillones, bastonera en la entrada y ventanas con vistas a La Pedrera.

Ermenegildo Zegna. Los pomos metálicos y rectangulares de la doble puerta de la tienda emblemática de esta sastrería de lujo italiana, inaugurada en 2013, encajan con la elegancia de esta marca. La tienda ocupa 360 m^2 distribuidos en tres plantas dedicadas a las colecciones Zegna para cada ocasión: zapatos, bolsos, fragancias y complementos.

En la planta superior está la sala VIP Couture, con salones privados decorados con madera, y una terraza.

Galería Loewe. Esta es una de las dos tiendas en el paseo (la primera está en el número 35) de la marca española de bolsos de piel y pañuelos de seda, abierta en 2014.

93

Santa Eulalia. Véase el comentario destacado de las páginas 62-63.

Pasaje de la Concepció

Este pasaje, al que se accede pasando por debajo de un marco de hierro pintado de color verde, concentra varios restaurantes y bares recomendables. Si se recorre todo el pasaje hasta el final, se llega a la rambla de Catalunya, el gran paseo señorial paralelo al paseo de Gràcia, con una amplia acera central peatonal, árboles y una buena cantidad de terrazas donde comer al aire libre.

P. de la Concepció, 2
Sushi Shop. Restaurante japonés que prepara comida para llevar.

P. de la Concepció, 5
El Japonés. Bajo una cascada de color verde está la entrada de este restaurante de cocina japonesa, con largas mesas para compartir en un ambiente juvenil.

95

🛍 **Dolce & Gabbana.** Doble puerta de vidrio para esta firma doble, nacida en 1985 bajo los auspicios de Domenico Dolce y Stefano Gabbana, que ahora visten a estrellas globales como Madonna, Lady Gaga, Monica Bellucchi o Britney Spears. Se les ha definido como herederos, en la década de los 2000, de lo que fue Armani en los ochenta o Prada en los noventa: los grandes estilistas italianos que todos quieren imitar. El color negro domina la decoración de su establecimiento, y dos enormes estatuas de inspiración oriental reciben a los compradores de ropa, complementos, perfumes, maquillaje, joyas, relojes e incluso móviles.

P. de la Concepció, 5

🍴 **Tragaluz.** En la planta superior del edificio, cocina barcelonesa tradicional pero vanguardista en un local carismático, con techo movible para comer bajo el cielo.

P. de la Concepció, 7-9

ⓘ **Turisme de Barcelona.** Sede del organismo oficial de turismo de la ciudad, que dispone de numerosos mapas y prospectos con información de interés.

Horario: diario: 8-20 h
Cerrado: 1 de enero y 25 de diciembre
Información: 932 853 834
info@barcelonaturisme.com
www.barcelonaturisme.com

Bus: 7, 16, 17, 22, 24, V17, 39
Metro: L3, L5 (Diagonal)
FGC: Provença-La Pedrera
Renfe: Passeig de Gràcia

P. de la Concepció, 10

🍴 **Mordisco.** Un clásico de la ciudad donde comer cocina mediterránea sana y ligera, y donde se puede encargar comida para llevar y platos bajos en calorías; todo en manos de una familia que lo inauguró en 1987.

P. de la Concepció, 12

🍴 **Boca Grande.** Restaurante donde comer buen marisco, que tiene un anexo que hace las veces de bar de copas, **Boca Chica**, de decoración sofisticada y con una bonita terraza en el piso superior.

97

👜 **Jimmy Choo.** Con más de 150 tiendas en todo el mundo, esta zapatería británica fundada por Tamara Mellon tiene un lugar en el podio de las marcas más exclusivas, con el recurso de referentes de lujo como las estrellas de Hollywood. Los zapatos son *sexy* y están manufacturados al estilo italiano, pero también ofrece bolsos y complementos. Esta tienda, de 114 m², tiene mobiliario de plástico transparente y en ella predomina un color blanco muy brillante.

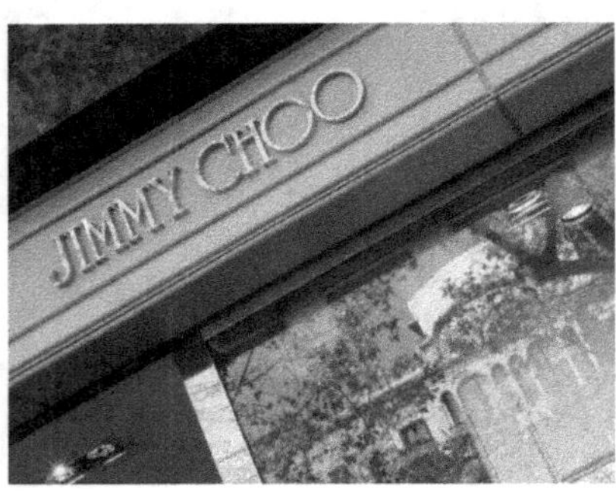

🍴 **Starbucks.** La cadena de cafeterías más famosa del mundo occidental ofrece su larga lista de cafés y sus sofás donde sentarse para tomarlos, además de una terraza exterior.

99

👜 **Montblanc.** Bajo el edificio de viviendas de fachada de cuadros blancos y marrones renovado en 2009 por el estudio de arquitectura OAB, encontramos la tienda de la clásica marca alemana de artículos de escritura, de 300 m² en dos plantas, hoy un icono de artículos de lujo: relojes, joyas, gafas y fragancias, entre otros.

Curiosidad: el nombre de la mítica pluma Montblanc surgió en 1910, durante una partida de cartas en la que un familiar de uno de los socios fundadores de la empresa comparó la perfección de la pluma con la de la montaña más alta de los Alpes.

👜 **Rabat.** Veterana joyería catalana, con una exposición de diseños exclusivos y distribuidora de marcas de alta relojería.

👜 **Dirk Bikkembergs.** Tienda del diseñador belga de ropa de deporte. Cuenta con 600 m² distribuidos en dos plantas que representan el espacio ideal para un hombre dinámico, refinado, deportista y *cool*. Atención a las patas de las mesas en forma de pelota de fútbol.

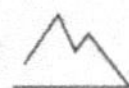

Calle Rosselló dirección Llobregat

Rosselló, 255

🍴 **Nello's Bar.** Una hamburguesería de estilo neoyorquino, con ingredientes innovadores como el cochinillo de Segovia o el rape, y un amplio surtido de cervezas, vinos y *gin-tonics*.

Rosselló, 249

🏨 **Gallery Hotel** (4*). Una marquesina de vidrio y hierro muestra la entrada de este hotel, que cuenta con piscina y la terraza The Top (abierta de abril a noviembre), salones para eventos y 110 habitaciones con todo tipo de comodidades.

🍴 **El Café del Gallery.** Lo que parece una galería que se adentra por el lateral del hotel Gallery es una cafetería y un restaurante de cocina mediterránea (con materias primas de km 0), muy agradables y silenciosos, y una terraza al aire libre en el interior. El conjunto de globos de luz que cuelgan del techo le dan un aire especial.

Desde Rosselló hasta Diagonal

Números 101-107

Marella. Moda italiana para las mujeres de espíritu dinámico y contemporáneo. Diseños coloridos y con *glamour*, complementados con bolsos y calzado de excelente calidad.

Samoa. Un clásico de la restauración de la ciudad. Abrió como pizzería en 1962 y ahora dispone de una amplia carta, en la que ofrece también *delicatessen* como ostras con vino blanco. Dispone de mesas en el exterior.

Lladró. Esta *boutique* de dos pisos permite admirar hasta el último de los detalles de las conocidas figuritas Lladró de porcelana, elaboradas a mano y originarias del pueblo de Almàssera, junto a Valencia. Desde 1953, cuando los hermanos Lladró empezaron a hacer figuras de porcelana inspiradas en el es-

tilo del siglo XVIII, hasta la fecha, el crecimiento de la marca ha sido exponencial, y está en pleno apogeo: dispone de tiendas en todo el mundo y de nuevas líneas, como la iluminación o la decoración de lavabos. Hay que prestar atención a la lámpara colocada sobre la escalera que comunica las dos plantas de la tienda, así como a alguna de las piezas únicas de estilo oriental que se exponen. La marca se está consolidando en mercados emergentes, como el de China o el de la India.

 **Carrera y Carrera.** Joyería fundada en 1885 en Madrid por una familia de larga tradición joyera y una de las más prestigiosas del mundo. Su particularidad reside en la originalidad de las piezas, de inspiración muy española, con volumen y llenas de simbolismo.

103

 **Imaginarium.** Esta tienda infantil tuvo el acierto de idear una puerta alternativa para los niños y niñas, de un tamaño inferior a la normal, que hace las delicias de todos los que la han probado. Dentro, juguetes y disfraces para los más pequeños.

105

 **Conselleria d'Empresa i Ocupació.** Edificio oficial de este departamento de la Generalitat de Catalunya.

107

 **Palau Robert** (1903). Véase el comentario destacado de las páginas 78-79.

103

La encina del paseo de Gràcia. Es el título de una prosa que el poeta Mossèn Cinto Verdaguer publicó en 1903 como homenaje a una encina que crecía en la acera del paseo, silencioso testigo de la vegetación de bosque que había existido en el llano de Barcelona. El Ayuntamiento mandó cortarla en 1908, según algunos porque molestaría el paso de los tranvías. Hoy, en el mismo lugar, la sucede una nueva encina y una inscripción en el suelo nos recuerda un fragmento de la prosa de Verdaguer: «Almogàver indòmit, ja sabràs posar-te de filera amb aqueixa tropa de plàtanos, novella, polida, endiumenjada i fatxendera?».[1]

1. «Almogávar indómito, ¿ya sabrás ponerte en hilera con esa tropa de plátanos, primeriza, primorosa, endomingada y presuntuosa?»

El Palau Robert (1903)

Este palacio de estilo neoclásico fue construido por el marqués y conde Robert Robert i Surís (Barcelona, 1851-Torroella de Montgrí, 1929), un aristócrata influyente, financiero y político, que compró unos terrenos al marqués de Salamanca, en la confluencia del paseo de Gràcia y la avenida Diagonal, e hizo derruir un chalé para sustituirlo por su residencia privada. Alejado del espíritu modernista del momento, buscó a un arquitecto francés, Henry Grandpierre, que había trabajado en la Exposición Universal de 1900 de París, quien a su vez eligió al arquitecto catalán Joan Martorell i Montells para que dirigiera la obra. El jardín fue diseñado por el jardinero municipal Ramon Oliva, el mismo que más tarde se encargaría de los de la plaza de Catalunya, y las palmeras con que lo decoraron provenían de la Exposición Universal de

1888. Con el estallido de la Guerra Civil en 1936, el edificio pasó a manos de la Generalitat de Catalunya y fue la sede de su Consejería de Cultura, aunque esto solo fue un paréntesis porque después de la guerra pasó de nuevo a la familia Robert. Durante los años siguientes fue cambiando de propietario hasta que acabó en manos del Banco Central y no fue hasta en 1981 cuando la Generalitat lo pudo volver a adquirir. En 1997 abrió las puertas como Palau Robert, con

Horario: lunes a sábado: 10-20 h; domingos y festivos: 10-14:30 h
Información general: 932 388 091 / 92 / 93
Información turística: 012 desde Catalunya
902 400 012 desde fuera de Cataluña
www.gencat.cat/palaurobert

Bus: 7,16, 17, 22, 24, V17, 39
Metro: L3, L5 (Diagonal)
FGC: Provença-La Pedrera
Renfe: Passeig de Gràcia

vocación de convertirse en uno de los centros de exposiciones de referencia de la ciudad. Por este motivo, está dotado de tres salas polivalentes donde se suceden todo tipo de muestras temporales que cubren temas tan variados como la fotografía, la moda, la empresa o la ciencia; una oficina de la Agència Catalana de Turisme que hace de punto de información turística de Cataluña y de la ciudad; un espacio para conciertos, y una librería. En 2003 se rehabilitaron las antiguas cocheras, que se reconvirtieron en dos salas polivalentes, y los magníficos jardines posteriores, y se sustituyó el muro lindante con la calle Còrsega por una reja que permanece abierta durante el día y

permite pasear desde la avenida Diagonal hasta la calle Rosselló bajo el arbolado. Un espacio agradable que tanto acoge actos privados como se transforma en sala de exposiciones al aire libre, y donde algunos rincones esconden interesantes esculturas.

Avenida Diagonal dirección Llobregat

🏛 **Fuente de la rana** (1912). Obra de inspiración naturalista y estilo modernista del escultor Josep Campeny Santamaria. La pila está hecha con piedra de Montjuïc y la escultura es de bronce y representa a un niño sujetando una rana, que hace de caño.

Diagonal, 391

🍴 **Farga.** Fundada en 1957 por Jesús Farga, un pastelero de Lleida, es una de las pastelerías y charcuterías de mayor renombre de la ciudad. Esta emblemática tienda dispone, además, de cafetería y restaurante donde se sirven desayunos, comidas y cenas de gran calidad.

Rambla de Catalunya, 126

🏛 **Can Serra** (1903). El edificio en primer término, Can Serra, es obra del arquitecto modernista Josep Puig i Cadafalch, que lo proyectó como casa unifamiliar con aspecto de palacete de inspiración renacentista, aunque la torre de la esquina, rematada por un voladizo de cerámica vidriada, tiene un aire más bien medieval. Los escultores Alfons Juyol i Bach y Eusebi Arnau fueron los autores de los medallones que hay sobre los ventanales, que representan a artistas como Wagner, Cervantes o el pintor catalán Marià Fortuny. La parte más moderna del edificio, de hierro y vidrio, que queda en segundo plano y la enmarca, es el resultado de una ampliación realizada durante la década de los ochenta por los arquitectos Federico Correa y Alfons Milà, cuando el edificio fue adquirido por la Diputació de Barcelona, el organismo que coordina las acciones de los diferentes ayuntamientos de la provincia de Barcelona.

🏛 **Iglesia y convento de Pompeia** (1910). Véase el comentario destacado «La ruta Sagrier» en las páginas 116-117.

Diagonal, 478

🛍 **Tous.** Haciendo esquina con la Via Augusta, es una amplia y moderna tienda (200 m² de espacio muy diáfano inaugurados en 2013). La joyería, distribuidora oficial de la marca de relojes Rolex y que ha hecho mundialmente famosa la figura de un osito que nació en 1985, es la que hace trece en la ciudad de Barcelona, y uno de los 400 puntos de venta en todo el mundo. Desde 1965, la pareja formada por Salvador Tous y Rosa Oriol, originarios de Manresa, está al frente del negocio —un pequeño taller de reparación de joyas— que había fundado el padre de él, en 1920.

Diagonal, 482

🛍 **Unión Suiza.** Esta empresa joyera barcelonesa fundada en 1840 y actualmente dirigida por la sexta generación de la familia Vendrell, tiene dos ámbitos de actuación. Por un lado, la venta de joyería y relojería de prestigiosas marcas de lujo en tres establecimientos propios, dos en Barcelona y uno en Madrid, situados en los centros neurálgicos de estas ciudades. Por otro lado, Unión Suiza de Distribución, dedicada a la distribución en España de la prestigiosa marca de relojes Kronos, fundada en 1930.

Desde Diagonal
hasta Gran de Gràcia

Números 111–119

⊞ Edificio Deutsche Bank. Proyectado el 1956-1959 como sede del Banco Comercial Transatlántico por el arquitecto Santiago Balcells (según reza una pequeña placa en la fachada), este edificio de 20 plantas y 17.500 m², en 1994 se convirtió en la sede del Deutsche Bank, en una reforma llevada a cabo por los arquitectos Francesc Albardaner y Josep Samsó, que idearon los paneles de vidrio que lo caracterizan. En 2014 pasó a manos de un grupo inversor que lo reconvertirá en un hotel de lujo de la cadena Four Seasons.

todo tipo de servicios. Un asistente personal se encarga de cuidar todos los detalles contratables: chef, tintorería, masajes, peluquería, *personal shopper*, entrenador personal, canguro o reserva de espectáculos, entre muchos otros.

115

 **Apartamentos Passeig de Gràcia 115.** Después de una remodelación que respetó la fachada debido a su valor histórico y artístico (obsérvense los frisos pintados), en 2004 se reabrieron cuatro plantas del edificio como apartamentos para estancias cortas o largas en la ciudad. Desde 1901 ha sido siempre propiedad de la familia de industriales catalanes Bertrand. Entre 1980 y 2011 los bajos acogieron la doble sala de cine de arte y ensayo Casablanca.

113

Casa Bonaventura Ferrer (1906). Obra del arquitecto Pere Falqués i Urpí, es conocida popularmente como El Palauet y es una muestra excelente de casa modernista, con más equilibrio que excesos. La fachada consta de tres cuerpos verticales, donde destaca una tribuna en el piso principal con una escultura esculpida en piedra. La puerta y los balcones son de hierro forjado y el coronamiento del edificio, de inspiración barroca.

El Palauet Living Barcelona. Las estancias de El Palauet se alquilan como seis *suites* de lujo con

119

Parco. Uno de los mejores restaurantes asiáticos de la ciudad. Presume de servir el mejor *sushi*. Decoración minimalista, luz tenue y ambiente tranquilo.

Calle Sèneca

Esta calle peatonal con encanto que conecta con la Via Augusta está llena de tiendas de muebles *vintage* como **Antique Boutique**, **Estudio Restauración** u **Ox Mobiliario**, especializadas en muebles escandinavos, de los años cincuenta o en piezas anticuarias artesanales. En el número 13 está la *boutique* de bolsos, pañuelos, carteras y complementos **Paulina Barcelona**, y en el número 9-11, la galería **Miquel Alzueta**, especializada en mobiliario del siglo xx. Además, hay un muy buen restaurante de cocina catalana, el **Roig Robí**, en el número 20, que cuenta con un pequeño jardín interior muy agradable.

Gran de Gràcia, 7

🏛 **Casa Ramon Servent** (1911). Obra modernista del arquitecto Emili Sala Cortés, caracterizada por las tribunas poligonales en las cuatro primeras plantas y por sus ornamentaciones florales. El edificio está coronado por tres plantas añadidas de estilo novecentista y cuatro bustos que, de izquierda a derecha, representan a: Joan Fiveller (concejal en el siglo xv), Cristóbal Colón (navegante y descubridor de América), Miguel Servet (teólogo y científico del siglo xvi) y Miguel de Cervantes (autor de *El Quijote)*, colocados por orden cronológico.

Desde Gran de Gràcia hasta Diagonal

Números 132-112

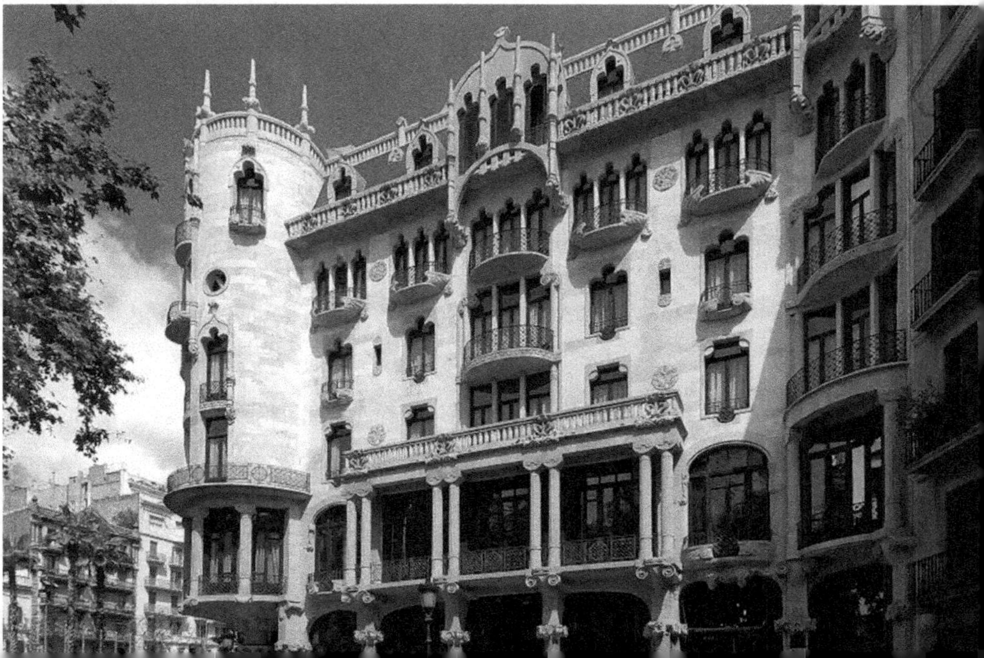

 **Casa Fuster** (1911). Este imponente edificio modernista con cierto aire neogótico corona los Jardinets de Gràcia y marca el inicio de la calle Gran de Gràcia, la arteria comercial del barrio de Gràcia. Es la última obra en Barcelona del arquitecto Lluís Domènech i Montaner, había sido la sede de la compañía eléctrica Enher y actualmente alberga el hotel Casa Fuster. Fue construido —después de derruir la fábrica de chocolates Juncosa que ocupaba el solar— por encargo del mallorquín Mariano Fuster i Fuster, como obsequio a su esposa, Consuelo Fabra i Puig, las iniciales de la cual quedaron esculpidas en

relieve en la fachada que da a la calle de Jesús. Para la construcción se emplearon materiales nobles: mármol blanco en la fachada, cristal y pizarra, que contribuyen a dotar de belleza singular al edificio que, en su momento, fue el más costoso de la ciudad. En la esquina hay una torre cilíndrica con tribunas de vidrio y esculturas que recuerdan a nidos de golondrinas.

Curiosidad: en la fachada hay una placa que recuerda que el poeta Salvador Espriu vivió en este edificio desde 1942 hasta 1972. Un poco más abajo, en el número 118, hay otra, porque Espriu vivió también en aquel número.

 **Casa Fuster** (5* Gran Lujo Monumento). Coronando el Eixample, un hotel inaugurado en 2004 y que se ha consolidado como punto de reunión de artistas, intelectuales y viajeros que buscan un lugar tranquilo y singular para la estancia o los negocios. La terraza Blue View, con piscina, permite disfrutar de un aperitivo o de una comida ligera con unas vistas espectaculares del paseo de Gràcia hasta el mar, y de buena parte de la ciudad. La clientela, sobre todo las noches de verano, oscila entre el turista y el ciudadano local, y el ambiente es de un agradable *chill-out.* La Sala de Lectura de la planta baja es un espacio vinculado a la cultura

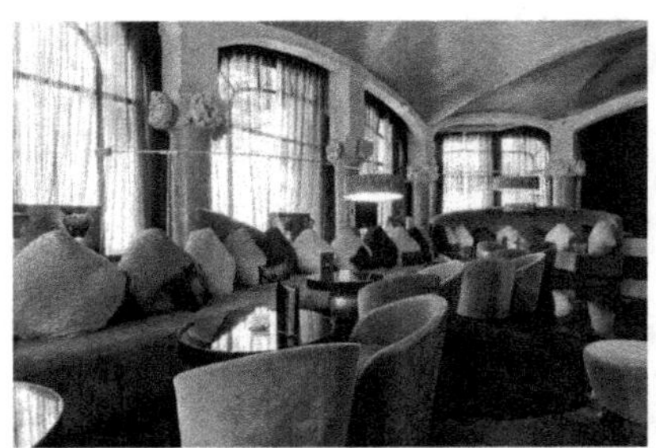

y atrae al hotel editoriales y autores de primera línea. Adicionalmente, una docena de salas facilitan la celebración de eventos de todo tipo. La planta noble acoge al restaurante Galaxó, con una carta mediterránea y vanguardista. El Café Vienés, inaugurado en los años veinte y que fue epicentro cultural de la ciudad, sigue ofreciendo un espacio de encuentro único y se transforma cada jueves por la noche en el Club de Jazz.

130

 **Blu Barcelona.** Joyería de Marc Codina donde los protagonistas son los diamantes, los zafiros, las esmeraldas y los rubíes.

128

Suites Center Barcelona. Quince *suites* de lujo con todas las dotaciones necesarias para disfrutar de una estancia en la ciudad.

Kiton. Cincuenta y cuatro establecimientos como este son los que la marca italiana Kiton, especializada en moda masculina, femenina y accesorios de gama alta, tiene repartidos por países como Francia, Rusia, Ucrania, Estados Unidos, China o Emiratos Árabes Unidos.

🍴 **Ottavia.** Heladería original de la isla de Madeira que ofrece helados de sabores tropicales envasados de forma muy original.

🛍 **Lupo.** La marca nacida en 1920 en un taller del barrio de Gràcia abrió esta tienda en 2014, además de la que ya tenía en la calle Mallorca, para sus bolsos de lujo.

Curiosidad: hasta 2013, los bajos que ocupa Lupo fueron durante 32 años la sede de la librería Roquer, especializada en libros de arte, infantiles y en catalán.

🛍 **L'Òptica Universitària.** Este es uno de los 46 establecimientos de una cadena que nació en el campus universitario de la avenida Diagonal de Barcelona. Gracias a unos precios irresistibles, una inteligente política de descuentos y un servicio impecable, se ha ganado la confianza de mucha gente joven y no tan joven a la hora de elegir las gafas, graduadas o de sol.

Calle Bonavista

Esta calle, que toma el nombre de la hermosa vista sobre el paseo de Gràcia que tenían los edificios de su acera de montaña, permite admirar, precisamente en este lado, algunas fachadas modernistas esgrafiadas como las de los números 5, 7 y 11.

Jardinets de Gràcia

La parte del paseo de Gràcia que queda por encima de la Diagonal tiene el nombre oficial de Jardins de Salvador Espriu desde 1991, en honor al poeta catalán, que vivió en la Casa Fuster, pero popularmente los barceloneses siempre se han referido a ellos como los Jardinets de Gràcia. Se realizaron en 1929 con motivo de la Exposición Internacional de Barcelona, bajo la dirección de Nicolau Rubió i Tudurí, diseñador de jardines, como enlace entre el paseo y el barrio de Gràcia, una antigua villa anexionada a la ciudad en 1897.

Un trío de esculturas

🏛 El *Obelisc* o el *Llapis*. Situada en el centro de la plaza de Joan Carles I, esta escultura de 1936 proyectada en honor de Francesc Pi i Margall —presidente de la primera República española en 1873—, es obra de Adolf Florensa y Josep Vilaseca, recibió al cabo de los años el nombre popular de *Llapis* (Lápiz), por su parecido con el útil de escritura. Actualmente luce solo, pero había estado acompañado, hasta 2011, de una estatua que representaba la victoria de las tropas

franquistas al final de la Guerra Civil, y que había sustituido, a su vez, la figura de una mujer desnuda colocada en lo alto del obelisco que representaba la República, obra del escultor Josep Viladomat, y conocida con el mote de «la fulana». La plaza aún había recibido antes otro nombre popular, el de Cinc d'Oros, debido a la colocación, en 1909, de cuatro elementos de base redonda alrededor de un círculo central, que a vista de pájaro le daban cierta semejanza con esta carta de la baraja española donde se representan cinco monedas doradas.

🏛 *Solc.* Con motivo de la celebración del centenario del nacimiento del poeta Salvador Espriu, en el año 2013, el escultor Frederic Amat recibió el encargo de elaborar una escultura para el jardín que el poeta veía al mirar por la ventana desde la Casa Fuster. El resultado es esta incisión de hormigón en horizontal que dialoga con el *Llapis* y que también tiene un aire funerario muy propio del mundo de Espriu.

🏛 **Homenaje a Pompeu Fabra** y *La lectura.* En el extremo superior de la zona ajardinada, se pueden leer las letras metálicas «Barcelona a Pompeu Fabra», el lingüista que creó el estándar de la lengua catalana y que elaboró el primer diccionario. Quedan justo delante de un relieve que representa a una mujer leyendo, de 1948, obra de Josep Clarà. Un poco más arriba, dos fuentes: a la derecha, una pequeña con agua potable y en el centro, una más grande con agua decorativa.

BOO. Tienda de moda masculina y femenina, uno de los templos de la ultramodernidad del público más joven y *hipster* de la ciudad. La decoración es exquisita, y es posible probarse la ropa dentro de una cabina de teléfono de la Barcelona de los años veinte.

Buenas Migas. A los pies de un impresionante edificio neoclásico se pueden comer pastas y panes elaborados artesanalmente así como otras recetas tradicionales originarias de Liguria (Italia) y de Cornualles (Inglaterra), de donde son Clare y Patrik, los fundadores de la exitosa cadena de *focaccerias* instalada en Barcelona.

L'Eggs. Bajo la batuta de Paco Pérez, que se ha formado con chefs como Ferran Adrià o Joan Roca, se trata de un restaurante muy original, que ha elegido los huevos como alimento central. Su intención es hacer «algo diferente, divertido, que le guste a todo el mundo, sea para todos los públicos y asequible económicamente». Huevos al plato, huevos fritos, huevos duros, huevos con angulas y tortillas de todo tipo. También hay platos sin este alimento y dispone de terraza exterior.

Casa Gràcia Barcelona Hostel. Este edificio modernista acoge un hostal para viajeros que quieran estar bien situados en el centro de Barcelona, con habitaciones para dos y hasta seis personas, con espacios comunes como cocina, salón, comedor y terraza, y una *suite* de lujo.

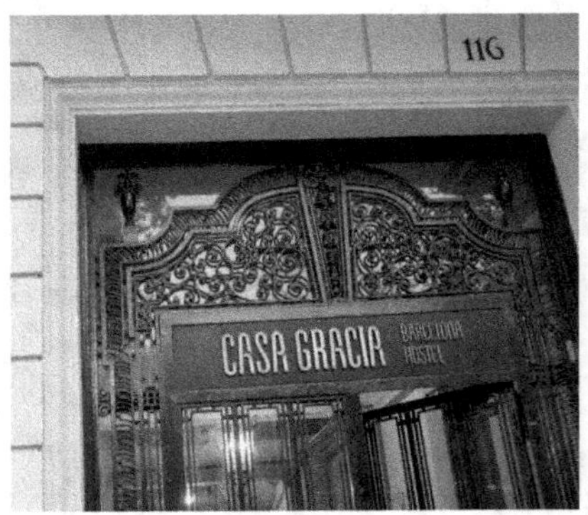

Casa Lluís Ferrer-Vidal

(1916). Edificio residencial obra de Eduard Ferrés i Puig, que ocupa el espacio de uno de los cinco chalets unifamiliares del Marqués de Salamanca construidos en 1865 por Elies Rogent. Fue modificado para añadir las dos plantas superiores, lo que hizo desaparecer la cúpula que lo coronaba. Cada planta está resuelta con un tratamiento diferente y destaca la tribuna de la primera —formando una galería semicircular de arco rebajado y vitrales, que soporta el balcón del piso superior— y el escudo de la puerta de acceso con las iniciales de su primer propietario, empresario y político cofundador de la empresa de cementos Portland y de La Caixa.

Galería Comas. Galería de arte de libre acceso. Se puede subir al piso principal de este edificio y admirar la colección de algún pintor local (cambia cada tres semanas), así como unos vitrales de inspiración goyesca que decoran el patio de luces. La galería existe desde 1979.

F. Roca. Desde 1947, esta joyería especializada en diamantes de alta calidad ofrece también servicio de compra a particulares, talladores, diseño y taller propios.

 **Tween.** Esta cadena de ropa, de origen turco, lleva más de veinte años vistiendo a los hombres de todo el mundo a través de sus más de 150 tiendas.

112

🏛 **Casa Garriga** (1911). Una nueva muestra de la obra del arquitecto Enric Sagnier i Villavecchia es esta casa que hace chaflán con la calle Còrsega, con una fachada de piedra muy destacable, en especial la parte que da al paseo de Gràcia, donde el tipo de piedra y las ventanas son diferentes. Fue un encargo del financiero Rupert Garriga y Miranda y su construcción supuso el derribo de uno de los cinco chalets que el Marqués de Salamanca había construido, en 1865, entre las calles Còrsega y Bonavista. Los dos pisos superiores fueron añadidos en la década de 1930, pero contrariamente a tantos otros casos, con gran consonancia con el edificio.

Diagonal dirección Besòs

Diagonal, 442

🏛 **Casa Comalat** (1911). Edificio modernista obra del arquitecto Salvador Valeri i Pupurull, se caracteriza por sus dos fachadas i recuerda a la Casa Batlló de Antoni Gaudí: balcones esculpidos en piedra, barandillas de hierro forjado, curvas y numerosas ornamentaciones florales. Destacan la puerta y los balcones de la planta baja, una tribuna central corrida entre el piso principal y el primero,

y el gigantesco sombrero de arlequín que corona el edificio. En la fachada colorista que da al número 316 de la calle Còrsega, destacan las tribunas irregulares y las galerías de madera policromada cerradas por persianas, con cerámicas del artista Lluís Bru i Salelles y vidrieras de Rigalt, Granell & Cia.

Diagonal, 416-420

🏛 **Casa Terrades** (1905). Siguiendo por la avenida Diagonal, pocos metros más abajo, se alza la que todo el mundo conoce, por razones evidentes, como la Casa de les Punxes. Este singular edificio fue

proyectado por Josep Puig i Cadafalch en 1905 a partir de un encargo de las hermanas Terrades, que querían unificar tres inmuebles de su propiedad. El edificio tiene un claro aspecto medieval, característico del gótico europeo, y está coronado por seis torres terminadas en agujas de forma cónica. Los elementos más característicos de la fachada son los ladrillos, los paneles decorativos en piedra que la cubren y, en especial, los dibujos florales en las tribunas, los balcones modernistas, los tejados a doble vertiente y un Sant Jordi con la leyenda: *«Sant Patró de Catalunya, torneu-nos la llibertat».*[1]

---

1. «Santo patrón de Cataluña, devolvednos la libertad».

Este edificio fue declarado en 1976 bien cultural de interés nacional.

≋

Diagonal, 383

Silbon. Firma cordobesa que ofrece en esta tienda todo tipo de prendas de moda masculina, calzado y un amplio surtido de complementos con un marcado estilo británico. La comodidad en consonancia con la elegancia.

Diagonal, 373

Palacio Baró de Quadras (1904). Este espectacular edificio modernista se alza en la avenida Diagonal y, también, en el número 279 de la calle Rosselló y es una de las joyas más singulares del patrimonio arquitectónico barcelonés. Por un lado, palacio neogótico. Por el otro, puro modernismo. Fue en 1900 cuando el rico industrial Baró de Quadras encomendó al arquitecto Josep Puig i Cadafalch la reforma de este bloque de pisos. Visto desde la Diagonal, las esculturas de personajes medievales y renacentistas, las flores, los escudos heráldicos y la larga tribuna nos trasladan directamente a los palacios góticos del norte de Europa. Desde la calle Rosselló, en cambio, podemos admirar los vestigios del antiguo edificio y una muestra del modernismo más convencional con elementos florales esgrafiados. En el interior encontramos los elementos habituales y bastante heterogéneos de la obra de Puig i Cadafalch: cerámica

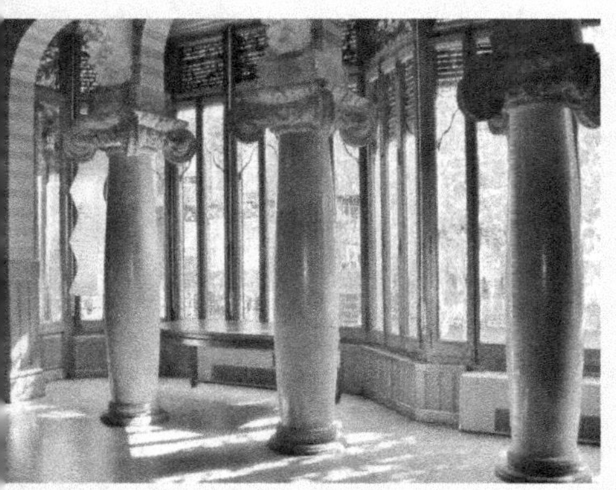

de colores de influencia islámica, elementos escultóricos goticistas y una espectacular escalera de piedra trabajada que sube hasta el primer piso. El edificio fue declarado bien cultural de interés nacional en 1976 y actualmente es la sede del Institut Ramon Llull, encargado de la proyección internacional de la cultura catalana.

Desde Diagonal hasta Roselló

Números 110–104

110

🛍 **Carmina Shoemaker.** Esta firma, ahora internacional, fue creada en 1997, pero sus orígenes se remontan hasta 1866, cuando Matias Puja-

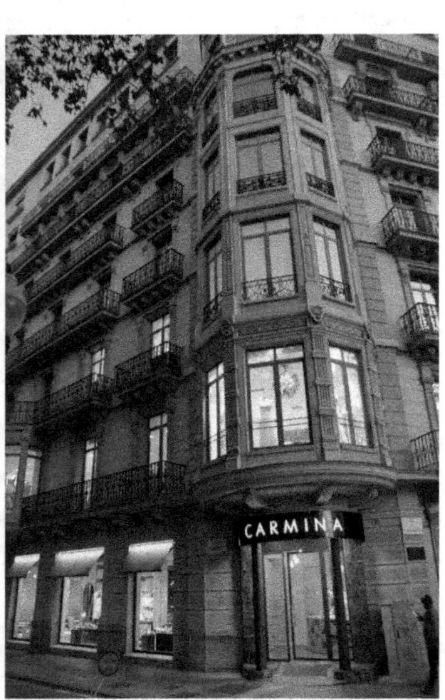

das comenzó con un pequeño taller de zapatos hechos a medida en Inca (Mallorca). Sus zapatos, de hombre y de mujer, se caracterizan por el tradicional doble cosido *goodyear,* que proporciona durabilidad, flexibilidad, comodidad y aislamiento.

🛍 **Gratacós.** Artesanía, investigación, belleza y creatividad. Estos son los pilares de esta tienda de tejidos que opera en la ciudad desde 1940 y que, a pesar del desembarco de las grandes marcas de lujo y de las multinacionales, ha sabido mantener la esencia y la presencia durante todos estos años. Sus fundadores fueron Antonio Gratacós y Josefina Ortiz de la Orden y desde entonces han vestido a personalidades como Michelle Obama, Mónica Naranjo, las familias reales española y holandesa o Céline Dion. Son célebres las composiciones de sus escaparates, la exposición en vertical de todas sus telas y la decoración de ebanistería combinada con coloridos elementos contemporáneos.

108 104

🏛 **Casa Jacint Esteva** (1939). Este edificio fue proyectado por el arquitecto Pere Benavent de Barberà y presenta una estética muy diferente a la del resto del paseo, con un aire racionalista y una fachada de tonos beis casi desnuda. Es una muestra del renovador Movimiento Moderno sur-

gido en arquitectura en la segunda década del siglo xx.

🏛 **Fundació Frederic Mompou.** Para conservar, dar a conocer y promover el estudio del magnífico compositor catalán Frederic Mompou (1893-1987), se proyectó esta fundación. Situada en el primer piso del edificio, donde vivió el compositor, fue constituida en 2006 por su viuda y heredera, Carme Bravo. Mompou es conocido, sobre todo, por sus piezas de piano, música delicada, íntima y miniaturista.

🛍 **Valentino.** Una firma que históricamente ha vestido a celebridades como Audrey Hepburn, Jackeline Onassis o Elisabeth Taylor. Presente en noventa países, con 160 tiendas y más de 1.300 puntos de venta, es el mismo Valentino quien asegura que su «rojo Valentino» está inspirado directamente en Barcelona. Concretamente, en un traje rojísimo que vio una noche en el Gran Teatre del Liceu.

🛍 **FreyWille.** Es una joyería vienesa, con más de 100 tiendas en 35 países, especializada en joyas esmaltadas decoradas con motivos florales o geométricos, siempre artísticos y vistosos.

🛍 **TCN.** Las letras corresponden a las iniciales de la diseñadora catalana Toton Comella Noé. En 1984 irrumpió con fuerza con una colección de baño confeccionada con *lycra* y algodón, combinación inédita hasta entonces. Tanto sus piezas de

baño, como la corsetería y la lencería se caracterizan por la comodidad, el *glamour*, la sensualidad y la sencillez.

🛍 **Jofré.** Esta tienda, fundada en 1929 en Reus (Tarragona), dispone de cinco puntos de venta en Barcelona. Con una decoración cálida y minimalista, ofrece primeras marcas de ropa de lujo como Yves Saint Laurent, Chloé o Earl Jeans.

🛍 **Wolford.** Compañía austriaca especializada en lencería femenina. Fundada en 1949, creó en 1975 el modelo de medias Luxor —las primeras medias a prueba de carreras— y también fue la introductora de la *lycra* y el tacto sedoso en la ropa interior, y de los primeros *bodies*, en los ochenta. Desde el año 2000, aliada con grandes creadores de moda, ofrece todo tipo de ropa femenina.

Calle Rosselló dirección Besòs

Rosselló 265

🏨 **Omm** (5*). Un hotel de diseño moderno, divertido, confortable y lujoso que consta de 91 habitaciones, *spa*, piscina, terrazas y, sobre todo, el restaurante **Roca Moo** —con una

estrella Michelin—, asesorado por El Celler de Can Roca y dirigido por el chef Juan Pretel. El restaurante **Roca Bar**, más informal, es un espacio ideal para bocadillos, tapas y platos del día.

Rosselló, 271

La Inmaculada Concepción. Tienda de muebles y decoración *vintage* o *retro*. Son especialmente recomendables los objetos reciclados y los muebles hechos a medida.

Rosselló, 275

Dos i una. Aquí se puede encontrar una amplia diversidad en accesorios y juegos, tanto para niños como para adultos. Desde una camiseta de los años ochenta hasta postales *retro*, pasando por cámaras de fotos de carrete o los juguetes de nuestros padres y abuelos. Imprescindible para quien quiera viajar en el tiempo y sea amante de los artilugios y los colorines.

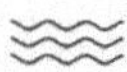

Rosselló, 240

Casa Josep Arús (1889). Este es uno de los pocos ejemplos que quedan de palacete unifamiliar de estilo neoclásico en el Eixample, con una tribuna en el piso principal y dos cuerpos laterales más elevados. Es obra de Antoni Serra Pujals.

Rosselló, 238

Actual (3*). Un hotel con una esmerada decoración que ofrece desde habitaciones individuales hasta familiares con capacidad para seis personas.

Desde Rosselló hasta Provença

Números 102-92

102

 **Stella McCartney.** Inaugurada en 2012, la decoración de los escaparates, vistosa y colorida, ya prefigura el estilo de ropa *prêt-à-porter* de esta diseñadora británica, hija del miembro de los Beatles Paul McCartney. No utiliza cueros ni pieles en sus diseños.

Paseo de Gracia (1*). El lema de este céntrico hotel de una estrella es: duerme *«cheap en la zona chic»*. Habitaciones grandes, cómodas, luminosas, familiares y económicas.

 **Yves Saint Laurent.** Esta fue la primera casa de moda que introdujo el concepto *prêt-à-porter* de lujo con su colección *Rive Gauche*, en 1996, y también la primera en reincorporar el esmoquin y las líneas tradicionalmente masculinas —como el traje de chaqueta— en el vestuario femenino. Tienda selecta y delicadamente lujosa.

100

Michael Kors. Lo curioso de esta firma de uno de los diseñadores más importantes de Estados Unidos es que aterrizó en Cataluña en 2010 con un *outlet* en La Roca del Vallés. Su objetivo: «Combinar el confort americano con el lujo europeo». En ese mismo año se estableció también en el paseo de Gràcia en un local de $200\,m^2$ donde se pueden encontrar sus piezas alegres y de fácil combina-

ción, así como relojes, zapatos, joyas y fragancias.

🛍 **Iranzo.** Es referirse a peluquería, estética, asesoramiento en imagen y trato individualizado desde 1924. Y, también, a Juan Carlos I, Emilio Botín, Gabriel García Márquez, Joan Manuel Serrat, Joan Brossa, Johan Cruyff, Alfredo Krauss, Maradona, Schuster, Neskens y cientos de cabezas más que se han sometido a sus tijeras y a su célebre corte a la navaja.

🛍 **Camper.** Esta es la empresa más antigua del sector del calzado en España. Libertad, comodidad y creatividad son las palabras claves que el mallorquín Lorenzo Fluixà, desde 1975, quiere asociar con su marca. En sus tiendas, modernas, sencillas, pero muy innovadoras, se encuentra calzado de hombre, mujer y niño. Tiene otra tienda en el número 2 del paseo.

98

🛍 **Salvatore Ferragamo.** Conocido como «el zapatero de las estrellas», siendo muy joven emigró a California desde su Italia natal y no volvió hasta haber triunfado y calzado a medio universo de Hollywood: Audrey Hepburn, Judy Garland, Marilyn Monroe, Greta Garbo, Brigitte Bardot, Madonna o Nicole Kidman

son algunos ejemplos. Desde 2011, esta firma cotiza en la bolsa italiana.

🏛 **Fundació Suñol.** Fundación privada sin ánimo de lucro constituida en 2002 con la finalidad de «fomentar, difundir y divulgar el arte en general y el de la propia colección en particular, conservar y preservar el arte y su estudio, procurando la ayuda a artistas, estudiantes y estudiosos en pro del arte catalán a

Horario: lunes a viernes:11–14 h y 16–20 h. Sábados: 16–20 h. Domingos y festivos cerrado. Es posible concertar otros horarios

Precios: entrada general: 4 € / Entrada reducida: 2 €

Información: 934 961 032
www.fundaciosunol.org

Autobús: 6, 7, 15, 16, 17, 20, 22, 24, 28, 33, 34, 39, 43, 44, 45, 47. Bus Turístic, rutas norte y sur
Metro: L3, L5 (Diagonal)
FGC: Provença-La Pedrera
Renfe: Passeig de Gràcia

El patio del Nivel Cero de la Fundació Suñol

nivel mundial». Además de programar exposiciones monográficas y vanguardistas, dispone de 1.000 m² de exposición y cuenta con más de 1.200 obras de artistas como: Warhol, Picasso, Miró, Dalí, Tàpies, Man Ray, Gargallo, Giacometti, Gordillo, Zush, Boetti, Solano, Lootz, Navarro o Plensa, entre otros.

 **Bottega Veneta.** Marca italiana especializada en productos de piel y de cuero. Dispone de 150 m² de exclusividad, lujo y un interiorismo cálido gracias a unas mesas de nogal, unos tonos tierra y los cuidados detalles de cuero y acero. Única tienda en España donde se pueden encontrar todas las colecciones de la firma.

96

Casa Casas-Carbó (1894). Este edificio modernista está catalogado como patrimonio arquitectónico de la ciudad. Fue proyectado por el arquitecto Antoni Rovira i Rabassa y perteneció al famoso pintor

modernista Ramón Casas, que vivió en el piso principal y acogió a su gran amigo y también artista Santiago Rusiñol, como se recuerda en las dos placas que hay a diferentes alturas de la fachada. De esta, son especialmente destacables los trabajos en piedra de los balcones, la portería y el remate con una misma decoración floral repetida sobre una hilera de pequeñas ventanas. También destaca la puerta de entrada, de dos hojas de madera y forja con adornos de metal dorados.

Vinçon. Los orígenes de la tienda se remontan a 1941, cuando el judío Enrique Levi, el alemán Hugo Vinçon y los hermanos Amat inauguraron «Regalos Hugo Vinçon», pero no fue hasta el año 1967, y posteriormente en 1973, con la inauguración de la sala de exposiciones de elementos gráficos e industriales, que empezó a despuntar. Artistas, arquitectos y diseñadores de todo el mundo comenzaron a exponer y la tienda se convirtió en un punto de encuentro obligado para los amantes de los objetos de diseño y la decoración. Las dos plantas de la tienda se presentan como si de una gran exposición se tratara, en perfecta armonía con la majestuosidad del edificio.

Imprescindible: desde el patio de la tienda se ve la fachada posterior de La Pedrera.

94

92

🏛 **Casa Milà o La Pedrera** (1912). Véase el comentario destacado de las páginas 104-105.

🛍 **Casa Viva.** Artículos para el hogar y la decoración: todo para la mesa, la cocina, el baño, y pequeño mobiliario, interior y exterior. También artículos de viaje y un amplio surtido de libros relacionados con Barcelona.

🏛 **Casa Codina** (1898). Un edificio modernista del arquitecto Antoni Rovira i Rabassa, junto a La Pedrera. De la fachada de piedra destaca la tribuna que ocupa el primer piso y, más arriba, las ventanas de diferentes alturas con un balcón central y el hierro forjado de las barandillas de la terraza.

Casa Milà o La Pedrera

Es la joya de la corona del paseo de Gràcia. Conocida popularmente como La Pedrera porque recuerda a una cantera a cielo abierto, es un edificio modernista, obra de Antoni Gaudí, construido entre los años 1906 y 1912 por encargo del matrimonio Pere Milà Camps y Roser Segimon Artells, y declarado Patrimonio Mundial de la Unesco en 1984. Además de los forjados de las barandillas y las formas ondulantes y vivas de la fachada, inspirada en las formas orgánicas de la naturaleza, la característica principal y quizás más desconocida de esta joya es que las únicas paredes estructurales del edificio son las de la escalera. Es la última obra civil que hizo Antoni Gaudí antes de dedicarse completamente a las obras del templo de la Sagrada Familia. A pesar de las numerosas trabas a las que tuvo que hacer frente en su construcción, consiguió que el edificio no estuviera sometido a las ordenanzas municipales por su gran valor artístico y monumental. La historia del edificio ha sido agitada: durante la Guerra Civil Española fue ocupado por el PSUC (Partit Socialista Unificat de Catalunya); en 1946, la viuda Milà vendió el edificio a una inmobiliaria que construyó trece apartamentos en las buhardillas; y desde 1966 se instalaron oficinas, un bingo, una academia y un hostal. Hoy es uno de los edificios más visitados de la ciudad, con más de un millón de visitas anuales.

En 1986, Caixa de Catalunya adquirió el edificio e hizo de él la sede de su fundación. Hoy, la Fundació Catalunya-La Pedrera ha transformado el espacio en un centro cultural de primer orden donde se celebran, regularmente, grandes exposiciones y ciclos de conferencias, recitales de poesía, conciertos de música y proyecciones

audiovisuales en el magnífico auditorio de la planta baja del edificio o en la azotea en las noches de verano. Es especialmente recomendable visitar La Pedrera por la noche (se puede hacer durante todo el año) y descubrir sus secretos a través de proyecciones, hologramas y todo tipo de efectos sensoriales acompañados de una buena cena o de una copa de cava. Son de visita obligada:

La azotea: una cubierta insólita y extremadamente artística donde las torres de ventilación y las chimeneas nos transportan fácilmente a otros mundos y a otras épocas.

El Espai Gaudí: las buhardillas del edificio donde antiguamente estaban los lavaderos y los tendederos y donde actualmente se exponen las creaciones, las visiones y las explicaciones del arquitecto catalán bajo 270 arcos catenarios de ladrillo plano.

La vivienda: se encuentra en la cuarta planta y muestra como vivía una familia de la burguesía catalana del siglo XIX, desde el mobiliario y los equipamientos de la época, hasta la distribución interior y los elementos ornamentales.

Los patios: un auténtico espectáculo de luces, estructuras y colores en el que las formas orgánicas, las pinturas murales y el modernismo más puro se ponen al servicio de la arquitectura.

La sala de exposiciones: situada en la planta principal, fue la residencia de la familia Milà. Destaca la escalera del vestíbulo con barandillas de hierro y pinturas murales, columnas de piedra esculpidas y el trencadís característico de Gaudí.

Desde Provença hasta Mallorca

Números 88-82

88

Prada. Esta firma ya dispone de una red de 461 tiendas en todo el mundo repartidas entre sus principales marcas: Prada, MiuMiu, Church y Car Shoe. La compañía, liderada por Miuccia Prada y Patrizio Bertelli inauguró en el año 2013 esta inmensa tienda donde se pueden encontrar, rodeadas de los colores negro y dorado de la marca, todas las colecciones *prêt-à-porter* de hombre y de mujer, así como los lujosos y exclusivos artículos de piel, accesorios, perfumes y calzado.

86

Longchamp. Comenzó en 1948 en París fabricando accesorios de piel para cigarrillos, hasta llegar a ser una de las marcas de bolsos más preciada, con todo tipo de artículos

de marroquinería y accesorios. Esta tienda dispone de 700 m² divididos en dos plantas donde, entre muchos otros artículos, se puede adquirir el emblema de la marca que tantas y tantas celebridades y *top-models* han lucido temporada tras temporada desde hace veinte años: la bolsa *Le pliage.*

Curiosidad: este edificio fue a sede de la Sociedad de Seguros Mutuos Contra Incendios y en la fachada todavía se pueden ver los relieves originales que representan a una familia que observa una casa en llamas.

84

Royal Passeig de Gràcia (4*). Este hotel, con las comodidades habituales de un establecimiento de alta categoría, dispone de una de las terrazas más espectaculares de la ciudad, la Terraza 83,3, con unas vistas de 300 grados sobre la ciudad. Su nombre hace referencia a la medida del módulo de 83,3 cm utilizado para construir todo el edificio. El inmueble, ubicado en la antigua sede de la extinta Banca Catalana, fue proyectado por los arquitectos Enric Tous y Josep M. Fargas Falp entre 1965 y 1968, y la cadena de hoteles Royal decidió mantener su fachada original, formada por una estructura de módulos en la que se alternan los paneles de vidrio con aislantes de superficie parabólica, y los componentes estructurales originarios. El hotel dispone de 124 habitaciones totalmente insonoriza-

das. Cabe destacar el patio interior y los espacios Garden y Warren, este último entre la planta baja y el primer piso, donde se pueden ver las famosas vigas Warren, ocultas durante muchos años.

 **BBVA.** En los bajos del edificio se ubican las oficinas principales en Barcelona de esta entidad bancaria.

82

Cartier. Entrando en esta tienda, en los bajos de un elegante edificio de mármol y cristal construido en el año 2000, es fácil imaginarse por qué desde principios del siglo pasado, las aristocracias de todo tipo han caído rendidas a sus pies. Cartier es el lujo y la exquisitez llevados hasta el último extremo. En los salones de esta tienda de 450 m^2 y entre las paredes forradas de roble blanco encontraremos tres majestuosas vitrinas verti-

cales donde poder descubrir, admirar, y quién sabe si adquirir, joyas, relojes, accesorios y perfumes de esta exclusiva firma.

Suárez. Esta firma tiene sus orígenes en el País Vasco, de la mano de su fundador, Emiliano Suárez Faffián, en 1943. Desde entonces, este negocio familiar ha ido creciendo gracias a la categoría de su clientela, a la calidad de sus colecciones propias y a las primeras marcas que representa. Situada en el chaflán con la calle Mallorca, esta tienda cuenta con un escaparate de 34 metros de largo y un elegante espacio interior de 800 m^2.

Desde Mallorca hasta València

Números 80-68

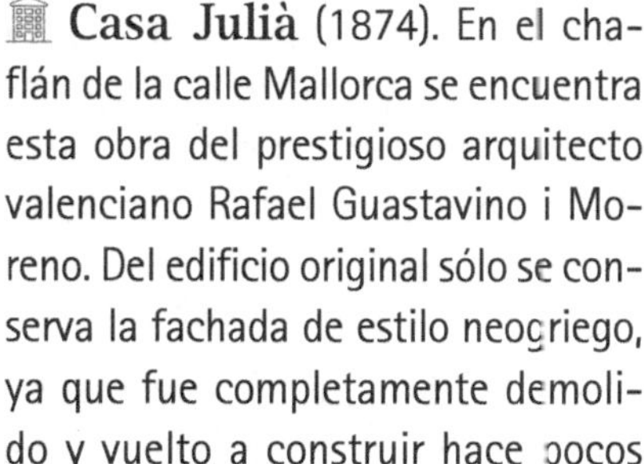

80

🏛 **Casa Julià** (1874). En el chaflán de la calle Mallorca se encuentra esta obra del prestigioso arquitecto valenciano Rafael Guastavino i Moreno. Del edificio original sólo se conserva la fachada de estilo neogriego, ya que fue completamente demolido y vuelto a construir hace pocos años. Guastavino, aunque no muy conocido en España porque emigró a Estados Unidos, fue valorado por Lluís Domènech i Montaner como un arquitecto con unas dotes excepcionales y fue una figura clave en la arquitectura norteamericana de finales del siglo XIX, gracias a la construcción de grandes torres de cemento y ladrillo, patentadas en Estados Unidos como Guastavino System.

 Louis Vuitton. Inaugurada con toda solemnidad en septiembre de 2013, es un gran espacio diáfano y luminoso. Podemos encontrar, a precios no muy modestos, desde el *prêt-à-porter* hasta los lujosos artículos de viaje y las colecciones de marroquinería más emblemáticas de esta marca.

 Chopard. Joyería suiza fundada por Louis-Ulysse Chopard en 1860. Desde entonces es un referente de la innovación en joyería y relojería de lujo, donde también se pueden adquirir complementos de alta calidad.

 Twenty One. Salón de peluquería y belleza donde Esther Llongueras, hija del peluquero Lluís Llongueras, y su amplio equipo de profesionales propone a los clientes un trato totalmente personalizado, profesional y de calidad.

 Pomarada. Restaurante y sidrería de más de 800 m² especializados en gastronomía asturiana (fabada, sidra, arroz con leche), *pizzas* y cocina mediterránea, creativa y de vanguardia. El restaurante cuenta con conserje, ascensor, terraza, carta, un menú diario y salones con capacidad para todo tipo de grupos en torno a un agradable patio interior.

 La Vinoteca Torres. Restaurante de vinos que, junto con el grupo Sagardi, ofrece una singular propuesta culinaria y enológica acompañada, siempre, de la extensa y variada gama de vinos del grupo Torres.

 Gucci. Espejos ahumados, oro pulido, vidrio, palisandro y mármol es lo que nos encontramos al entrar en este lujoso universo de 400 m² inaugurado en 2012. La firma italiana fundada en 1921 por Guccio Gucci en un modesto taller de Florencia, ofrece su conocido y omnipresente logotipo a todo tipo de artículos de moda, maletas, relojes, zapatos o perfumes. Y sí, por algo más, aquí también se puede encargar una bolsa con las iniciales del cliente bañadas en oro.

🏛 **Casa Coma** (1907). Obra del prolífico arquitecto Enric Sagnier i Villavecchia, destacan los perfiles sinuosos, tanto de los balcones de piedra y la tribuna como de la cornisa que corona la fachada. La tribuna central, de piedra con motivos florales, la conforman unas esbeltas columnas y está coronada por un balcón que hace de terraza del piso superior. Cuenta con una espectacular entrada de mármol, custodiada por cuatro columnas corintias.

👜 **Bvlgari.** Joyería italiana de referencia, con sede en Roma desde 1884, que otorga *glamour* y trascendencia a sus creaciones originales de joyas, relojes, peletería, complementos y perfumes. Incluso ofrece estancias en sus hoteles y complejos turísticos exclusivos.

🛍 **Chanel.** No es, solo, el número 5. No es, solo, la modista Coco, la tienda de sombreros en el parisino bulevar de Malesherbes inaugurada en 1909, o los bronceados dentro de líneas rectas, sencillas y cómodas que revolucionaron la moda de principios del siglo xx. Hoy, es lujo y prestigio a través de 170 tiendas propias en todo el mundo. Este establecimiento, de 190 m², cuenta con diversos y modernos escaparates donde se pueden admirar los productos y los diseños ideados por el gran genio de la alta costura, Karl Lagerfeld. Más allá de la moda y los perfumes, Chanel ofrece joyería, relojería, complementos, maquillaje y tratamientos.

🏨 **Majestic Hotel & Spa** (1918) (5* gran lujo). Inicialmente se llamó Majestic Inglaterra y no fue hasta 1940 que pasó a llamarse, sencillamente, Majestic. Hoy, el Majestic Hotel & Spa cuenta con más de 270 habitaciones y *suites* con todas las comodidades de un establecimiento de lujo en un edificio de estilo neoclásico. El restaurante del hotel tiene como asesor gastronómico a Nandu Jubany, todo un referente de la alta cocina, galardonado con una estrella Michelin. Son especialmente recomendables el *spa*, que cuenta con baños de vapor, sauna y diversos tratamientos corporales; el centro de *fitness* y, sobre todo, el espacio La Dolce Vitae, en lo alto del edificio, una terraza alrededor de la piscina donde se puede contemplar una

magnífica panorámica de la ciudad. **Curiosidades:** el Majestic es la sede de la coalición política CiU en citas electorales. Es aquí donde se elaboró el famoso Pacto del Majestic el 28 de abril de 1996, en el que la coalición catalana se comprometió a apoyar al Partido Popular a cambio de ciertas contrapartidas.

En este hotel se han alojado, entre muchas otras personalidades, la Reina María Cristina, Antonio Machado, Joan Miró, Charles Trenet o Federico García Lorca.

🛍 **Brunello Cuccinelly.** Esta firma italiana de lujo especializada en moda masculina y femenina se encuentra en los bajos del hotel Majestic y tiene entrada por la calle València. En el interior predomina un ambiente que invita al relax gracias a los tonos tierra, al marfil y a las fotografías familiares que nos transportan a la Italia natal de su fundador y a la tradición artesanal de la firma.

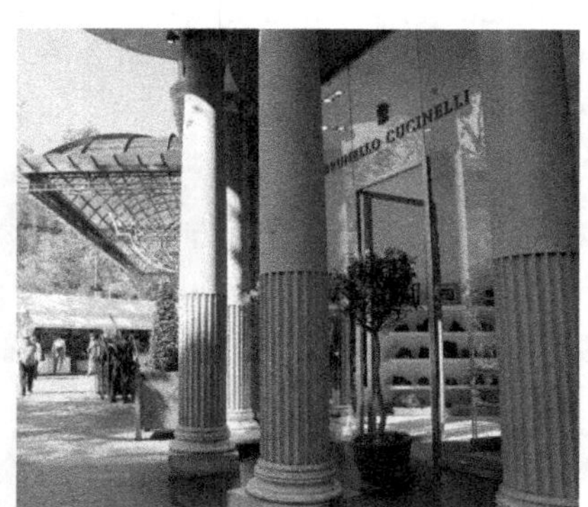

Calle València dirección Besòs

València, 267

🍴 **Nueve Reinas.** Es un restaurante argentino, para amantes de la buena carne, los ñoquis y las mollejas.

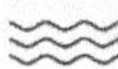

València, 274

🛍 **Top Natural Fibers.** En esta tienda solo se puede comprar ropa de cachemira, seda, lino o cualquier otra fibra natural, lisa o estampada.

València, 284

🏛 **Museu Egipci.** La Fundació Arqueològica Clos - Museu Egipci de Barcelona no es solo una de las colecciones privadas de arte y de cultura egipcias más importantes de Europa, sino que es también una entidad comprometida con la investigación, el estudio y la difusión de la antigua civilización faraónica. Más de 2.000 m² con más de un millar de piezas que van desde sarcófagos hasta momias, pasando por joyas, amuletos y la posibilidad de poder realizar la visita acompañados de expertos egiptólogos. Además de la exposición permanente y de las temporales, el museo ofrece también visitas nocturnas, con escenas dramatizadas por actores durante todo el recorrido, y una visita centrada en el arte culinario egipcio, en la que los visitantes podrán degustar los productos que formaban parte de la dieta de esta civilización.

El Museu Egipci nació en 1992 cuando Jordi Clos Llombart, un mecenas y empresario catalán, presidente de la cadena hotelera Derby Hotels, presentó parte de su colección privada en el hotel Claris. Se trataba de una selección de 70 piezas de una colección que había comenzado a adquirir en el año

1975. A partir de entonces, el éxito fue tal que pronto nació la Fundació Arqueològica Clos y, en solo dos años, se inauguró el Museu Egipci de Barcelona en la rambla de Catalunya, que se convirtió en el primer museo monográfico de temática faraónica en España. En el año 2000 se trasladó a su ubicación actual y, desde entonces, ha recibido más de dos millones de visitantes.

València, 286

🍴 **Les gens que j'aime.** Se trata de uno de los *pubs* más emblemáticos y con el nombre más curioso de la ciudad. Su historia se remonta a la *gauche divine* barcelonesa de los años sesenta. Estética modernista, poca iluminación, objetos y mobiliario antiguos y terciopelo, mucho terciopelo rojo que invita a la conversación y a intimidar escuchando música *soul*.

La ruta Sagnier

Enric Sagnier i Villavecchia (Barcelona, 1858-1931) es, quizás, el arquitecto que proyectó más edificios en la ciudad de Barcelona, con casi trescientos catalogados. Miembro de la asociación de artistas católicos del Cercle de Sant Lluc, suyos son el modernismo más neogótico y el clasicismo más afrancesado. Esta ruta, que empieza en la parte más al sur de la plaza de Catalunya y acaba en la parte alta del paseo de Gràcia, propone cinco edificios muy diferentes: un banco, dos edificios residenciales, una escuela y una iglesia, todos ejecutados con elegancia y un punto de excentricidad.

Plaza de Catalunya, 2

Antigua Banca Arnús (1927). A partir de un edificio de 1873 al que se añadió el edificio contiguo, situado en el ángulo de la plaza de Catalunya con La Rambla, se planteó la posibilidad de monumentalizar el conjunto. Con el clasicismo afrancesado que Sagnier cultivaba en aquellos años, resolvió la unión entre el cuerpo ya existente y el añadido de nueva planta, armonizándolos gracias a las cúpulas de los extremos y las del ángulo, donde se sitúa la nueva entrada principal. El edificio fue la sede primero de la Banca Arnús y después del Banco Central, y se hizo célebre en mayo de 1981 cuando se produjo un asalto a mano armada que duró más de treinta horas, con numerosos rehenes, y llegó a provocar una situación de máxima tensión en la ciudad y en todo el país.

Paseo de Gràcia, 2

Casa Pascual i Pons (1884). Véanse las páginas 141-142.

Diputació, 250

Casa Rupert Garriga Nogués (1901). El aspecto exterior podría hacer pensar que se trata de un palacio unifamiliar. El balcón sobre la puerta de acceso está sostenido por cuatro grandes ménsulas esculpidas por Eusebi Arnau con el tema simbólico de las edades de la vida. Un hecho inusual es el anexo de planta baja y piso, que deja a la vista una fachada lateral que se corresponde

con la sala de billar del piso principal y presenta un vitral —obra de la firma A. Rigalt & Cia., autora también del resto de vitrales del edificio—, que interiormente presenta una gran riqueza decorativa. Hoy es la sede de la **Fundació Francisco Godia,** creada en 1998 para acoger el legado del empresario y coleccionista Francisco Godia Sales y especializada en arte medieval, cerámica, dibujo y pintura del modernismo, y en arte del siglo xx.

▌Paseo de Gràcia, 33
Escola de les Dames Negres (1916). Véanse las páginas 33-34.

▌Diagonal, 450
Iglesia y convento de Pompeia (1910). La iglesia, de tres naves separadas por esbeltas columnas, retoma aspectos de la tradición gótica catalana, como la nave central de arcos cubiertos por vigas de madera, mientras que la inventiva del arquitecto se evidencia en los capiteles de estilización floral o en las aperturas triangulares. En la fachada de piedra destaca el trabajo escultórico de Josep Llimona: un relieve en la puerta y una imagen de san Francisco de Asís en el gablete superior. El convento neogótico es más sobrio, en la tradición franciscana de la humildad, y combina la piedra con el ladrillo. Fue fundado por el fraile capuchino Rupert Maria de Manresa, gran admirador del santuario italiano de Pompeya. Todo el conjunto fue reconstruido después de la Guerra Civil Española, tratando de devolver el aspecto original a su interior.

Desde València hasta Aragó

Números 66–56

Casa Vídua Marfà (1905). Medievalismo, modernismo y gótico civil definen lo que actualmente es la sede de la Escuela Superior de Relaciones Públicas y Marketing y la Escuela de Comunicación, Turismo y Empresa, adscritas a la Universidad de Barcelona. El edificio, proyectado por el arquitecto Manuel Comas i Thos, cuenta con una espectacular entrada donde destacan las tres puertas de madera tallada con motivos góticos, tres grandes arcos de

medio punto, columnas gruesas y capiteles con elementos florales. En el vestíbulo se repiten los arcos y las columnas que dan acceso a dos escaleras y a la espléndida claraboya de cristales policromados. De la fachada, es imprescindible fijarse en las tribunas góticas del primer piso, la galería superior que ocupa todo el chaflán, las torres acabadas en agudos frontispicios y las numerosas gárgolas con motivos de animales. ¿Quién es capaz de encontrar una rana con dientes o un mono lavándose?

Sanremo. Es sinónimo de perfumería, cosmética, productos de higiene y de peluquería de las marcas más conocidas.

Caffé di Francesco. La conocida cadena de cafés del mundo de decoración rústica, siempre nos sugiere el aroma de una buena taza de café, tal vez acompañada de una pasta dulce.

Timberland. Los 240 m² del local de esta compañía norteamericana, nacida en 1978, están dedicados a calzado, ropa deportiva y de montaña y accesorios para mujeres, hombres i niños; todo fabricado con un compromiso absoluto con el medio ambiente.

Sixtyfour. Lujosos y exclusivos apartamentos. Completamente reformados, los apartamentos disponen de una, dos o tres habitaciones y cuentan con grandes espacios donde la prioridad es el diseño, la luz natural y la calidad de sus materiales.

Tascón. Esta marca fue fundada en 1959 por José Tascón y cuenta ya con más de 16 tiendas repartidas entre Barcelona y Madrid, con el fin de poder ofrecer al hombre y a la mujer las primeras marcas en calzado: Clarks, Panama Jack, Camper o Nike, entre otras.

62

🛍 **Casa del Llibre.** Véase el comentario destacado de la página 136.

🏨 **Sixtytwo** (4*). En el vestíbulo de este exclusivo hotel ya podemos intuir qué encontraremos en el resto del edificio: Moooi, Vitra, B&B o Philipe Starck. Y en las 45 habitaciones, televisores Bang&Olufsen, teléfonos Jacob Jensen o grifos Tangente. Diseño e interiores modernistas de 1897 en un ambiente tranquilo y cosmopolita y una amplia gama de servicios complementarios, como rutas enológicas y de compras o masajes tonificantes, entre otros.

60

🏛 **Casa Olano** (1885). Esta casa es conocida también como la **Casa del Pirata** y **Edificio Elcano.** Se trata de un edificio decimonónico, derivado del clasicismo, obra de Tiberi Sabater i Carner. Destaca la amplia fachada simétrica y una hornacina donde hay una escultura del marinero Juan Sebastián Elcano, obra de Francesc Font. Unas placas en catalán y euskera recuerdan que este edificio fue el hogar de la Delegación de Euskadi en Cataluña durante la Guerra Civil Española (1936-1939).

🛍 **Replay.** Marca italiana con más de 200 tiendas en todo el mundo, fundada en 1981 por Claudio Buziol.

Ropa urbana para hombre, mujer y los más pequeños; óptica, calzado y perfumes. Es destacable el espectacular trabajo de interiorismo, que ya se anuncia en el escaparate, donde la pared trasera soporta un jardín vertical. Después, una espléndida escalera sube a la primera planta, donde hay un patio de luces y un patio-jardín al fondo.

Curiosidad: el nombre de la marca se le ocurrió a su fundador cuando estaba viendo por la tele la repetición *(replay)* de una jugada en un partido de fútbol.

58

Txapela. Aquí se pueden degustar los famosos pinchos vascos, pequeñas porciones de pan con algún alimento encima, que hay que regar con el delicioso vino blanco chacolí, con sidra o con *zuritos* de cerveza, unas pequeñas degustaciones de esta bebida. Otro restaurante de la firma se encuentra en el número 10 del paseo.

La Baguetina Catalana. Comida rápida, bocadillos y porciones de pizza para los bolsillos más reducidos.

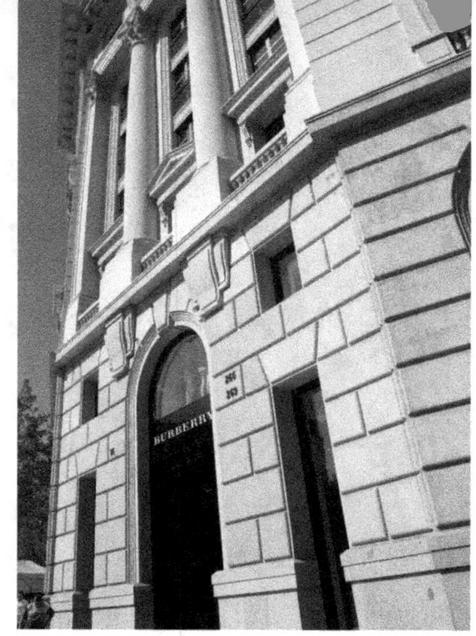

56

Burberry. Ocupa todo el chaflán de la calle Aragó, en un monumental edificio del arquitecto Joan Padrós, edificado en 1935 y reformado en 2011. Ropa, zapatos, perfumes, relojes, bolsos de mano y de viaje y todo tipo de complementos con el famoso emblema del caballero inglés sentado en un elegante corcel. Esta firma, fundada en 1856, viste, entre otras personalidades, a la familia real inglesa. **Curiosidad:** construido como sede de la Sociedad Anónima Cros, fue uno de los primeros edificios íntegramente comerciales del paseo.

Calle Aragó dirección Besòs

Aragó, 282

Madrid-Barcelona. Este conocido y reformado restaurante de la calle Aragó debe su nombre al tren que salía hacia Madrid a mediados de los años cincuenta y que pasaba junto a sus puertas. Cocina catalana de temporada con una excelente relación calidad-precio, rodeada de una ambientación cálida y tradicional.

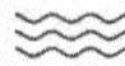

Desde Aragó hasta Consell de Cent

Números 54-44

 **Edificio Banco Pastor** (1982). Proyectado por el arquitecto Josep M. Fargas Falp, este inmueble singular que ocupa todo el chaflán, de paneles de color marrón y con el nombre del banco que es ahora filial del Banco Popular aún en lo más alto, es hoy un edificio de oficinas.

 Geox. *Geo*, en griego, significa 'tierra'. La *X* hace referencia a la tecnología. Nacida en 1990 en Italia, en esta tienda de 340 m² con tonos cálidos e interiorismo elegante se pueden encontrar, además de pantalones, chaquetas y complementos, todo tipo de modelos de zapatos con la

suela de goma con membrana microporosa para facilitar la transpiración que tantos éxitos ha proporcionado a esta marca. Otro establecimiento en el mismo paseo se ubica en el número 9-11.

50

 **María Candelas.** Todo el mobiliario y accesorios que se puedan soñar para la casa están aquí: artículos de fabricación exclusiva y diseño propio, una gama propia de perfumería, una selección de marcas internacionales de mobiliario, lámparas y cortinajes, y porcelanas de Versace o grifos decoradas con cristal de Swarovski.

a la galería del piso superior y le da soporte, con balaustrada corrida, que enlaza todos los balcones. Unas esculturas que representan grandes jarrones coronan la balaustrada de la azotea.

48

 **Casa Casarramona** (1923). Obra del arquitecto Josep Puig i Cadafalch, de su época amarilla, cuando ya se había alejado del modernismo y utilizaba un lenguaje más sobrio y racionalista. Destaca la tribuna de madera del piso principal que llega

McDonald's. Establecimiento de la conocida cadena estadounidense de comida rápida, que ha cambiado el habitual color rojo por el verde, más ecológico y adaptado a los tiempos.

🛍 **Swarovski.** Un cisne blanco da la bienvenida a los bosques helados de este universo del cristal tallado, mágico y exclusivo. Fundada en 1895 por el artesano Daniel Swarovski, nacido en el reino de Bohemia, ahora República Checa, la quinta generación de la familia sigue ofreciendo todo tipo de productos con los célebres cristales: bisutería, accesorios e iluminación, entre otros. En esta tienda, de 84 m², destaca un candelero con más de 10.000 cristales y unos brillantes prismas que cubren las paredes.

🛍 **Joieria Gràcia.** Tiene sus orígenes en el año 1897 y cuenta con más de treinta años de experiencia en la compra-venta de relojes y joyas de ocasión.

44

🛍 **Philipp Plein.** Lujo contemporáneo y cosmopolita de la mano de este diseñador alemán. Ropa y complementos para el hombre, la mujer y los niños. Todo concentrado en 210 m², repartidos en dos niveles donde las luces, las sombras sobre piedra blanca y los espejos hacen aún más destacables los productos expuestos. Impresiona la gran lámpara de araña con calaveras de cristal de Murano y el gran cráneo adornado con miles de cristales Swarovski que preside la entrada.

🍽 **Tapa Tapa.** «¿Qué sería la vida sin tapas?» Esto es lo que se pregunta esta cadena de restaurantes. Otro lugar en el centro de la ciudad donde poder degustar una carta con más de cincuenta tapas diferentes, en el interior o en la terraza.

🍽 **Citrus.** En el primer piso del chaflán con Consell de Cent. En 2008, el premio nacional de diseño, Toni Arola, le ofreció el aspecto actual y cálido que te rodea al entrar en el restaurante. Madera, negros, amarillos y rojos para degustar recetas modernas y platos tradicionales mediterráneos. Destacables el emblemático trío de sorbetes cítricos y el plato estrella: el rascacielos de tomate y *mozzarella* con rúcula y *olivada*. Los jueves, música en vivo.

Calle Consell de Cent dirección Besòs

Consell de Cent, 355

Gioricky Concept Store.
Outlet junto al paseo de Gràcia especializada, sobre todo, en marcas italianas como Just Cavalli Dolce & Gabana, Tru Trussardi, Dsquared, Blauer o Gucci. Además, accesorios de Balenciaga, Lanvin y una marca propia para todos aquellos que quieran descuentos de marcas de primer nivel alrededor del 40 y el 60%.

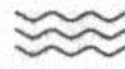

Consell de Cent, 314

Agatha Ruiz de la Prada.
Estrellas, flores y corazones de todas las dimensiones y colores imaginables. Ropa divertida y atrevida para hombre, mujer y niños, y complementos para el hogar rodeados de paredes, techos y suelos de un intenso color magenta.

Consell de Cent, 320

Capdevila. Establecimiento con una larga tradición en la ciudad. Cuatro generaciones de joyeros y plateros presentes en el ámbito de la joyería y la orfebrería catalana desde 1905. Joyería contemporánea, piezas únicas, estudio de proyectos, piezas por encargo y restauración de joyas antiguas y modernas.

Curiosidad: desde el año 1956, esta joyería es la encargada de elaborar la joya que representa la letra *fi* del alfabeto griego, el premio que el jurado del premio Lletra d'Or otorga a la mejor obra escrita en catalán durante el año anterior. Algunas de las personas que lo han recibido recientemente son: Joan-Lluís Lluís, Júlia Guillamon, Josep M. Espinàs o Empar Moliner.

Consell de Cent, 324

Salvador Serra / Raig. Son dos establecimientos históricos de fotografía e instrumentos de meteorología y astronomía que han dejado las sedes de paseo de Gràcia 22 y plaza de Catalunya, respectivamente, y han reabierto sus puertas juntos en este local donde continúan ofreciendo servicios de revelado y copias de fotografía analógica, e instrumentos de medición de meteorología y astronomía.

Vista a tierra: las baldosas

Caminar por el paseo de Gràcia es sinónimo de levantar la mirada y encontrarnos con edificios históricos, tiendas de lujo, comercios tradicionales, hoteles singulares y gastronomía rica y variada, pero cuando miramos hacia el suelo encontramos una sorpresa que no debería pasar desapercibida: las baldosas.

La más conocida, porque es obra del mismo Antoni Gaudí, es una baldosa creada en 1904 por la fábrica Escofet que podemos pisar de punta a punta del paseo. Se trata de un baldosa hexagonal, de una tonalidad verde y gris, de cuatro centímetros y medio de grueso, conocida popularmente como *mosaico Gaudí*, que muestra un rasgo característico en la obra del célebre arquitecto catalán: la observación minuciosa de la naturaleza. En este caso, las figuras de la baldosa, reconocibles solo si se combinan entre ellas de manera adecuada, nos trasladan al fondo marino con las formas de un caracol, de una estrella de mar y de un alga —para algunos, un pulpo—. El hecho de que Gaudí eligiese motivos marinos es porque originariamente fue pensada para colocarla delante y en el interior de la Casa Batlló, donde el mar y el agua están omnipresentes, pero finalmente se colocó en la Casa Milà y, posteriormente, en todo el paseo de Gràcia. La única diferencia entre las baldosas actuales respecto a las originales es que a partir de 1997 el relieve se transformó en grabado para mejorar la adherencia y soportar mejor el desgaste con el paso del tiempo.

El mosaico Gaudí se combina, en el paseo de Gràcia y en el resto de Barcelona, con otras baldosas igualmente características. La más conocida es la Rosa de Barcelona, que se ha adaptado en formato redondo y de color rosa para indicar la **Ruta del**

Modernismo (un recorrido por los principales puntos modernistas de la ciudad), pero es posible encontrar fácilmente los otros cuatro modelos: las pastillas de chocolate, los cuatro círculos, las circunferencias concéntricas y los rombos. Sus medidas son siempre las mismas: 20 × 20 cm, fueron fabricadas también por la casa Escofet y se encuentran en la Ciudad Condal desde 1916.

Todas estas baldosas se pueden adquirir, en diferentes medidas, formas y estilos, o se encuentran impresas en bolsas, cajas, chocolatinas y todo tipo de productos imaginables en la mayoría de tiendas de turismo y *souvenirs* de la ciudad.

Y, sin dejar de mirar hacia el suelo, también podemos encontrarnos unas baldosas de color verde justo ante algún árbol. Gracias a ellas sabremos, en catalán, en español y en latín, de qué especie se trata.

Desde Consell de Cent hasta Diputació

Números 42–32

42

 **Miu Miu.** Esta fue la primera tienda del grupo Prada en Barcelona. Dos plantas que simulan una gran caja de seguridad donde, expuestos como joyas, se pueden adquirir las colecciones de *prêt-à-porter*, los bolsos, los zapatos, las joyas y los accesorios de la nieta más joven de Mario Prada.

Llorenç. Esta joyería es garantía de calidad. Tercera generación de una familia barcelonesa que desde 1934 ofrece piezas de manufactura propia y exclusiva.

38 40

 **Brioni.** Está considerada una de las mejores sastrerías del mundo. Nació en 1945 en Roma y desde 1985 tiene su propia escuela de sastres. Ocupa 300 m² repartidos en tres plantas con una zona de *lounge* para poder relajarse mientras toman medidas.

Curiosidad: esta tienda es la número 65 y se inauguró por el 65 aniversario de la firma.

Mandarin Oriental (5*). Es uno de los más exclusivos y lujosos de la ciudad. Eso es lo que se respira cuando se atraviesan los relieves de las columnas a pie de calle y se enfila la larga rampa de la que fue la sede del Banco Hispano Americano. Dispone de 93 habitaciones y 27 *suites* con vista al paseo de Gràcia y a los jardines interiores. A destacar: la *suite* Penhouse de 236 m² que ocupa todo el piso superior; el restaurante Moments, dirigido por la prestigiosa Carme Ruscalleda, galardonada con siete estrellas Michelin, y su hijo Raül Balam, y, por supuesto, os jardines interiores, la azotea y la piscina, desde donde se puede disfrutar de unas vistas privilegiadas de la ciudad. Un *spa* de lujo, que ocupa 1.000 m², dispone de ocho cabinas para tratamientos, piscina, un centro de *fitness* y servicios complementarios.

Tiffany's & Co. Lo único que le falta es Audrey Hepburn desayunando frente al escaparate. No le falta, a este establecimiento, el lujo

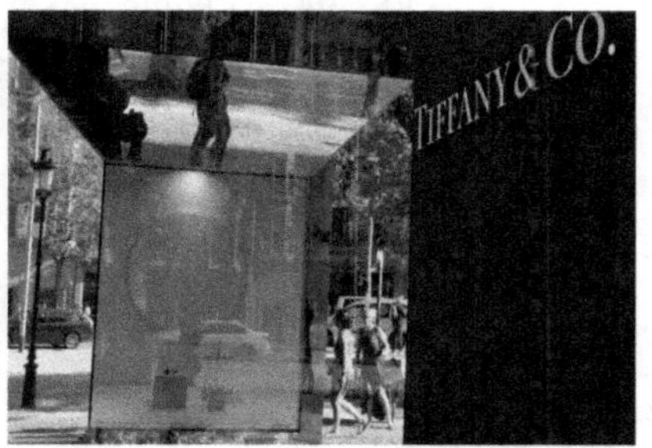

vinculado a la marca, siempre, con el omnipresente y patentado color Azul Tiffany. Tres pisos conectados por una luz en forma de lazo y separados por categorías: alta joyería, anillos de compromiso y joyería actual. Los detalles, cuidados hasta el extremo, son una máxima que esta firma aplica sin excepción.

Mango. La marca del empresario catalán Isak Andic tiene aquí la tienda más grande en la Ciudad Condal. Ocupa 1.500 m² distribuidos en dos plantas, techos altos, grandes pantallas y una iluminación muy cuidada donde se pueden encontrar todas las líneas actuales de la firma: H.E. by Mango, Mango Touch, Mango Kids y Mango Sport & Intimates.

Punt Roma. Su lema, «tallas grandes para todo tipo de mujer», se mantiene con un perfecto equilibrio calidad-precio.

Adolfo Domínguez. La iluminación con claroscuros acompaña la

característica ropa y complementos, atemporal y elegante, para toda la familia, de este diseñador gallego. «La arruga es bella» fue su lema de los años ochenta y ahora está presente en 42 países. Su compromiso con el medio ambiente se refleja en sus creaciones, sin uso de pieles exóticas, en las bolsas de material reciclable o en la temperatura de sus locales.

 **Hostal Oliva** (2*). Desde el exterior no se intuye, pero según pasamos entre los escaparates de Adolfo Domínguez y entramos en el vestíbulo del edificio nos encontramos con un iluminado patio interior, techos altísimos, columnas dóricas, escalinatas señoriales y un ascensor de madera del siglo pasado. En el cuarto piso, una pensión económica, sencilla, pero de calidad.

Calle Diputació dirección Besòs

Diputació, 269

Tapas 24. Este es uno de los muchos restaurantes que el antiguo cocinero de El Bulli, Carles Abellán, tiene repartidos por todo el mundo. Aquí encontraremos, a precios razonables, productos frescos y tapas de calidad en un ambiente desenfadado y distendido.

Diputació, 273

Thai Barcelona. Lo dicen su nombre y su lema: *«Thai Barcelona. Royal Cuisine. It's a thai garden!»*. Un espacio, pues, con aromas, sabores y sensaciones que transportan directamente al antiguo reino de Siam, rodeados de plantas, diosas y madera tallada con simbología tailandesa. También ofrecen comida para llevar.

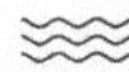

Diputació, 264

St. Moritz (4*). El edificio está catalogado de interés histórico desde 1883, es hotel desde 1990 y fue completamente reformado en el año 2010. Dispone de 91 habitaciones en las que se mezclan el clasicismo de la Barcelona señorial con elementos más modernos de la hostelería contemporánea.

Desde Diputació hasta Gran Via de les Corts Catalanes

Números 30-18

 Zara Home. Casi 2.000 m² en tres niveles de accesorios para el hogar, en una tienda donde el blanco y la luminosidad son omnipresentes.

 Casa Antoni i Marc Rocamora (1913). Edificio modernista proyectado por los hermanos Joaquim y Bonaventura Bassegoda Amigó, donde destacan los relieves florales, los perfiles sinuosos de los balcones y, alzando más la vista, el hastial agujereado y el dragón enroscado alrededor del pináculo que hay en la esquina.

 Divinus. Este restaurante fusiona la cocina internacional y la cocina mediterránea moderna. Especialidades en carnes a la brasa con verduras, de diseño urbano y moderno y con una buena relación calidad-precio. Dispone de mesas al aire libre.

 **Señor.** Como su nombre indica, esta sastrería confecciona trajes a medida. Y lo hacen en solo diez días, desde que Josep M. Ribas Prunés e Ignasi Closas Augé inauguraran su primer local en 1961 en Manresa. La marca dispone de siete establecimientos y llegan a confeccionar hasta 15.000 trajes de caballero en un año.

El Nacional. Un multiespacio gastronómico para disfrutar de recetas tradicionales de la Península Ibérica: tapas, carnes, pescados, cocas, dulces y barras para vinos, cervezas, cócteles, ostras o caviar. Tiene capacidad para 770 comensales y ocupa 3.500 m² de un edificio de ocho metros de altura

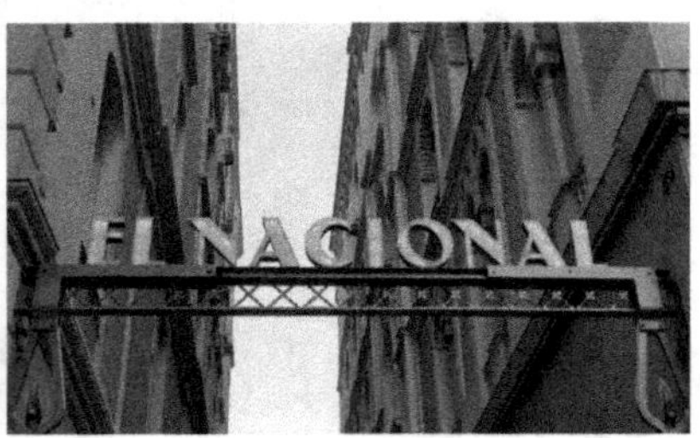

y una cubierta caracterizada por la bóveda catalana, representativo de la arquitectura industrial del siglo XIX. **Curiosidad:** este espacio, en donde antes hubo un vivero, entre 1840-1863 fue el jardín con servicio de bebidas El Criadero y, entre 1870-1900, estuvo ocupado por el Teatro Español. El edificio actual acogió la fábrica de telas y tintes Tenería Moderna Franco Española, el primer concesionario de vehículos de la ciudad y un parking, entre otros usos.

Casa Pere Llibre (1872). Esta casa es de las pocas de estilo neoárabe que aún quedan en Barcelona. Proyectada por el arquitecto Domènec Balet i Nadal, la casa tenía originalmente un edificio gemelo al otro lado del pasaje con el que hace esquina. En el año 1962 se realizó la reforma de los bajos en un estilo *art déco* bastante diferente del resto. Afortunadamente, todavía podemos admirar las formas islámicas de la fachada como los paneles de terracota, los yesos con motivos geométricos y las barandillas de forja de los balcones.

Qu Qu. Son las iniciales de Quasi Queviures, un restaurante donde casi se transporta al cliente a una tienda de comestibles del siglo pasado, ya que la decoración

la plaza Reial y en 1940 se trasladó a su ubicación actual. Debe su éxito a la calidad de sus telas y, sobre todo, al trato excelente que ofrece a sus clientes.

emula el típico piso del Eixample barcelonés: suelos hidráulicos, ambientación colorista y grandes ventanales. El local consta de dos salas, terraza y un rincón especial para el jamón ibérico, los embutidos de calidad y la cocina casera de la abuela.

22

 **Mango Kids.** Una tienda dedicada en exclusiva a la moda infantil, de calidad y a buen precio. Un local de 430 m² para niños y niñas de 3 a 12 años.

20

 **Bel.** Una de las sastrerías más antiguas de Barcelona. En el año 1842 ya abrió su primera tienda en

18

Tous. Esta tienda, distribuidora oficial de la marca de relojes Rolex, es una de las 400 que tiene esta firma en 45 países. Joyas, bolsos, perfumes, complementos y, por supuesto, el célebre osito creado en 1985 por Rosa Oriol. Ocupa la sede de la histórica joyería J. Roca, fundada en 1888, y que cerró sus puertas en 2008 por jubilación. El arquitecto Josep Lluís Sert, en 1934, diseñó la

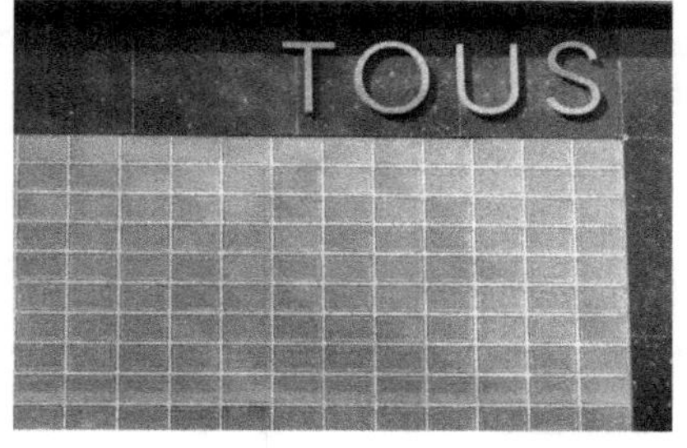

fachada y el interiorismo, de estilos racionalistas. Dispone de otro establecimiento en el número 75 del paseo de Gràcia.

🍴 **Subway.** Esta es una de las cadenas de restaurantes de comida rápida que cualquier persona ha visto en algún momento en cualquier lugar del planeta, sobre todo si ha atravesado el Atlántico. Cuenta con más de 42.700 establecimientos repartidos en 108 países y es célebre por sus bocadillos, sus ensaladas y, sobre todo, por el sándwich Submarino, popularmente conocido como Sub, relleno de carne, embutidos, quesos, verduras y salsas variadas.

Gran Via de les Corts Catalanes dirección Besòs

Gran Via de les Corts Catalanes, 636

👜 **The North Face.** Firma estadounidense especializada en vestuario, calzado y equipamiento deportivo, que desde 1968 pasea su logotipo por todos los terrenos imaginables: desde las cumbres del Everest, lugar donde se popularizó, pasando por las pistas de esquí, las selvas amazónicas, las travesías oceánicas o las caminatas bajo la lluvia por el paseo de Gràcia. Son famosas y eficientes sus piezas impermeables creadas con telas HydroSeal y GoreTex.

Curiosidad: el logotipo de The North Face está inspirado en la vertiente norte de la cima Half Dome, en el Valle de Yosemite, California.

Gran Via de les Corts Catalanes, 642

👜 **Menkes.** Un punto de referencia en el sector de las tiendas de disfraces que ofrece desde 1950 vestidos y accesorios para cualquier evento imaginable. ¿Flamenco? Menkes lo tiene. ¿Vestidos de etiqueta? También. Danza, sastrería teatral o superhéroes.

Gran Via de les Corts Catalanes, 644

🏨 **HC Passeig de Gràcia** (4*). Hotel de 74 habitaciones en un edificio de estilo neoclásico, equipado con piscina, solárium y con todos los servicios de su categoría.

El paseo inteligente de Gràcia

El Ayuntamiento de Barcelona ha decidido convertir el paseo de Gràcia en la primera calle *inteligente* de la ciudad. La tecnología (sensores y fibra óptica) instalada a lo largo de una serie de puntos estratégicos de la avenida permite obtener conjuntos de datos que sirven para gestionar mejor los servicios y recursos municipales. Por ejemplo, regular la iluminación del paseo según el flujo de paso de peatones o el tránsito según los niveles de contaminación atmosférica, monitorizar la calidad del agua de las fuentes públicas o medir el nivel de contaminación acústica de una terraza o de un local. Estas iniciativas se llevan a cabo de manera continuada y suponen una mejora en los servicios de recogida de basura, riego, iluminación o en la fluidez del tránsito.

Además, la instalación de nodos de *Wi-Fi* asegura el acceso a internet gratuito para los paseantes, que pueden localizar restaurantes, hoteles, tiendas o consultar los horarios de los museos y de las exposiciones o del transporte público de la zona a través de sus *smartphones* siempre que quieran: toda la información, al alcance de todos.

Las librerías

Los libros también tienen su espacio en el paseo de Gràcia. Novela, poesía, ensayo, guías, mapas, revistas, diccionarios o libros electrónicos se pueden encontrar fácilmente en las librerías del paseo y en sus alrededores.

Casa del Llibre (paseo de Gràcia, 62). Fundada en 1923 y absorbida en 1992 por el Grupo Planeta, la Casa del Llibre cuenta con siete librerías en Barcelona. Libros especializados en todas las materias imaginables con una amplísima selección de novedades editoriales, libros electrónicos, música y cine.

Jaimes (Valencia, 318). Es la librería francesa de Barcelona y se encuentra a escasos metros del paseo de Gràcia. Se pueden adquirir libros en francés, catalán, castellano, inglés, italiano y portugués. Organiza mesas redondas, presentaciones, conferencias y exposiciones. Desde el año 1951 y hasta 2013 fue una de las librerías tradicionales del paseo de Gràcia. Ahora, desde la calle València, sigue siendo relevante su oferta de novedades francesas de literatura y ensayo, así como una amplia, esmerada y mimada sección infantil.

Documenta (Pau Claris, 144). Desde 1975 y hasta 2014 fue una de las principales librerías del barrio de Ciutat Vella. Ahora, desde el Eixample, ha empezado una nueva etapa con el rigor, la proximidad y la profesionalidad de siempre. Además de las novedades literarias, dispone de una cuidada selección en arte, ciencias humanas, historia, antropología y filosofía. Ideal para quienes busquen un trato cercano y especializado.

Laie (Pau Claris, 85). Lo dice su lema: «Laie, el placer de la cultura». Y lo dice su logotipo: una taza de café humeante sobre un libro. Se trata de una librería-café-restaurante de dos plantas con un patio interior ideal para leer, descansar y relajarse, que cuenta con una cuidada selección de novedades de editoriales nacionales y extranjeras.

Altair (Gran Via de les Corts Catalanes, 616). Es una librería especializada en viajes, rutas, antropología y naturaleza. Dos plantas con todo tipo de informaciones para las personas viajeras, acondicionadas con espacios amables, con butacas y mesitas donde poder leer y consultar sin prisas.

Desde Gran Via de les Corts Catalanes hasta Casp

Números 16-6

16

🏛 **Edificio Banco Rural y Mediterráneo** (1953). El encargo que recibió el arquitecto Agustí Borrell Sensat fue el de imitar el edificio del chaflán opuesto, el del Banco Vitalicio (actual Generali), algo apreciable si se contempan los dos edificios. La doble planta que sobresale en la parte superior, conocida como Terraza Martini, fue de uso público durante muchos años. En la entrada destacan los relieves en piedra y las imponentes columnas corintias.

🛍 **Zara.** Emblemática tienda para toda la familia, donde se pueden encontrar todas las colecciones de la firma: Zara Woman en la entrada, Trafaluc al fondo, Zara Kids en un lado, Zara para el hombre en el piso de arriba y Zara Home en la planta inferior.

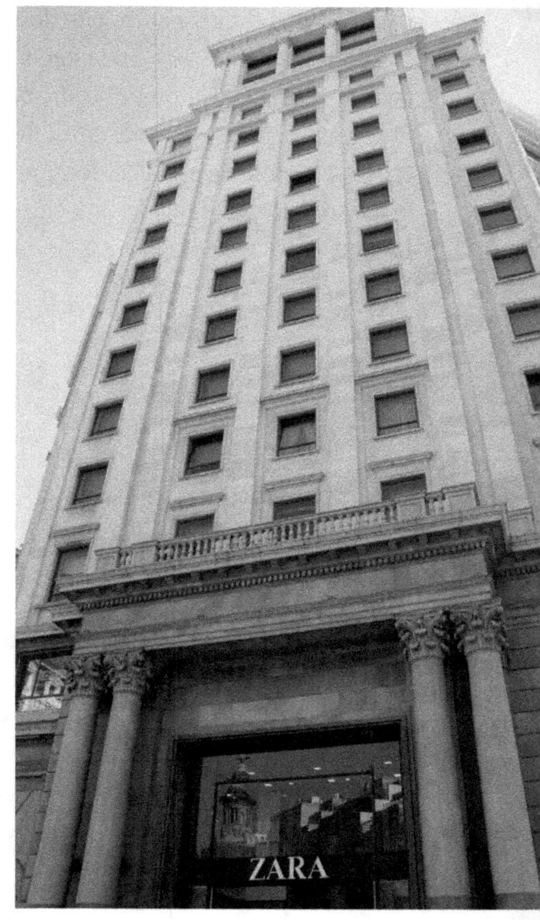

14 6

🏛 **Casas Rocamora** (1920). Los tres edificios contiguos, que van desde el número 12 hasta el chaflán de la calle Casp, fueron unificados por una misma fachada por los arquitectos, y también hermanos, Joaquín y Bonaventura Bassegoda Amigó. El conjunto es de un marcado estilo neogótico con referencias medievales. En la fachada destacan cuatro series de tribunas con miradores, los pináculos que sobrepasan las barandillas de la azotea y cuatro cúpulas. Justo en el chaflán, una torre circular con pináculos corona el edificio. Como las cúpulas, la cubierta de la torre está hecha de escamas de cerámica de color anaranjado que contrastan con la piedra blanca de la fachada.

12

🛍 **Furest.** Empresa familiar dedicada a la moda masculina. En 1898, Estanislau Furest abrió una tienda en la plaza Reial y en 1917 se trasladó al paseo de Gràcia, donde se convirtió en imprescindible para todos aquellos que buscaban confección y camisería para hombres de fabricación propia y de calidad, bajo su lema: «Un espacio para cultivar una forma de vida». También dispone de zapatos, perfumes y primeras marcas de artículos de regalo y de viaje. Sin olvidar un espacio de ropa funcional femenina.

10 8

🛍 **& Other Stories.** Esta es la séptima tienda de la marca en Europa. Decorada al estilo neoyorquino y entre un blanco omnipresente, en sus 600 m² distribuidos en tres plantas,

se pueden adquirir, cesta en mano, ropa, joyas, accesorios, bolsos calzado, sastrería masculina, femenina y productos de belleza.

⍳ Txapela. Un establecimiento hermano del que hay en el número 58 del paseo, para seguir degustando, en el interior o en la terraza, la famosa gastronomía vasca a precios ajustados: vinos chacolí, pinchos, *zuritos* de cerveza o sidras.

⌂ Emporio Armani. La tienda de uno de los diseñadores italianos de mayor prestigio, Giorgio Armani. Con una pantalla gigante que da la bienvenida y que muestra los desfiles de la firma, dispone de 620 m² distribuidos en tres plantas donde se pueden encontrar colecciones completas para el hombre y la mujer, así como

ropa interior y de baño, joyería y toda la gama de productos, accesorios, *delicatessen,* chocolates, conservas y tés de la marca.

⌂ Felgar. El nombre es un acrónimo de su fundadora, FELicitas GARcés Broto. Se trata de un negocio familiar de tercera generación fundado en 1963 que ofrece primeras marcas de moda femenina: desde DKNY hasta Armani, pasando por Michael Kors, Twin-Set, Aldo Martins o Liu-Jo.

Calle Casp dirección Besòs

Atravesando la calle Casp, y con precaución, hay que girar la cabeza en dirección Besòs. Desde este punto se puede ver, más allá del Eixample, la majestuosa y colorida Torre Agbar del arquitecto Jean Nouvel, inaugurada en 2005. Un edificio de 31 pisos y 142 metros de altura recubierto por 59.619 láminas de vidrio.

Casp, 1-13

 **Barcelona Atiram** (4*). Un establecimiento a pocos minutos de todas partes que consta de 79 habitaciones y desde donde se puede disfrutar, desde la terraza de la séptima planta, de unas impresionantes vistas panorámicas de la plaza de Catalunya.

Casp, 19

Mussol. Restaurante de cocina catalana para disfrutar de verduras de temporada y carnes preparadas con recetas tradicionales.

Casp, 2

Bracafé. Desde 1929, fue un punto de encuentro y tertulia para los barceloneses en pleno centro de la ciudad. Tomar un café de calidad o tomar una cerveza y un bocado fue siempre una exquisitez en este rincón tradicional, en la planta baja o en el sótano, alejados del tráfico que se mueve a muy pocos metros, en el paseo.

Casp, 8

Teatro Tívoli (1849). Tuvo sus inicios en los llamados Jardines del Tívoli en 1849, de la mano de Bernat-Agustí de Las Cases. Se tiene constancia de un «teatro de verano», que representaba sus funciones al aire libre, y que motivó que en 1880 se edificara un teatro de obra. Sin embargo, el edificio actual, en el mismo emplazamiento, es de 1919. Esta sala de espectáculos de estilo neorrococó, con una capacidad para 1.643 personas, aún mantiene algunos elementos originales, como las molduras, los motivos florales en dorado y el rojo de las butacas y las cortinas. Es destacable la marquesina de hierro, vidrio y bombillas de la entrada principal.

Desde Casp
hasta ronda de Sant Pere

Números 4-2

 **Casa Pascual i Pons** (1891). Fue el primer edificio modernista del paseo de Gràcia, obra de Enric Sagnier i Villavecchia. Se trata de dos bloques de viviendas independientes, para las familias de Sebastià Pascual y de Alexandre Pons, resueltos con una imagen unitaria. Destacan las formas neogóticas de la fachada, el uso generalizado de la piedra, las florituras de las ventanas y las torres —una circular y otra poligonal— terminadas en punta y con pináculos en la cornisa. En la entrada principal del número 2 se puede observar la rica ornamentación original, la chimenea y las vidrieras. Los interiores

están enriquecidos con mobiliario de procedencia alemana y aportaciones de artesanos y artistas, entre los que destacan los vitrales de la casa Rigalt i Granell o los tapices pintados por Alexandre de Riquer.

🍴 **Navarra.** Situado en el chaflán de la calle Casp, está dedicado a la gastronomía autóctona catalana y a la cocina de Navarra y del País Vasco. Rodeados de madera y de la gran claraboya con vitrales del techo, son especialmente recomendables la ensalada con queso de cabra, el solomillo de buey y el milhojas de hojaldre almendrado.

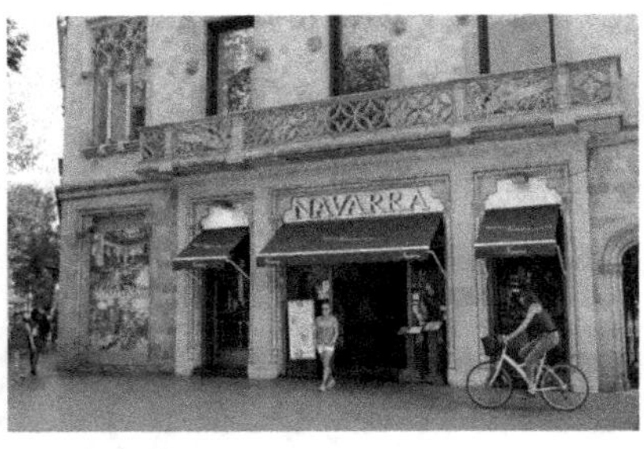

🛍 **Swatch.** En 1983 revolucionó la industria del sector al fabricar relojes de plástico de cincuenta y una piezas, cuando tradicionalmente se hacían de noventa y una.

🍴 **Dino.** Heladería fundada en 1978 por el italiano Dino Pavese y que ya cuenta con 45 establecimientos en Cataluña y Baleares. Tienen desde los clásicos de vainilla, nata o chocolate variado, hasta especialidades de *stracciatella*, roquefort o helados dietéticos.

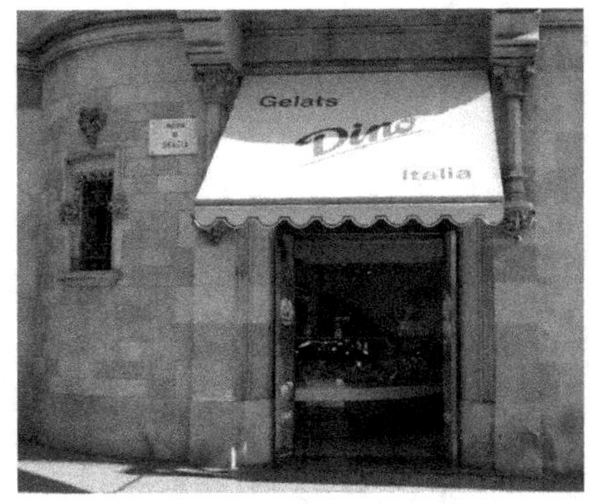

🛍 **Punt 1995.** Tienda dedicada a la moda femenina de tejido de punto y complementos.

🛍 **Camper.** Segundo establecimiento de esta marca de zapatos de origen mallorquín en el paseo de Gràcia, el otro está en el número 100. Tiendas modernas, sencillas pero muy innovadoras donde se encuentra calzado de hombre, de mujer y de niño.

🍴 **Farggi Café.** Heladería catalana con más de 60 tiendas surgida a partir de las pastelerías Farga. Se pueden degustar helados, cafés, tés y pastas, entre otras elaboraciones, de la máxima calidad, bajo el paraguas de sus tres lemas: satisfacción, liderazgo y excelencia. Cuenta con una amplia y concurrida terraza.

Plaza de Catalunya

Esta plaza de casi cinco hectáreas está considerada el centro neurálgico de la ciudad de Barcelona y es el punto de unión entre el casco antiguo, el distrito de Ciutat Vella, y el barrio del Eixample.

La historia de la plaza se remonta a la época medieval, cuando esta zona, justo al lado de las murallas de la ciudad, era el inicio de las principales rutas que salían de ella y punto de encuentro de mercaderes. No fue hasta el derribo de las murallas, a mediados del siglo XIX, que

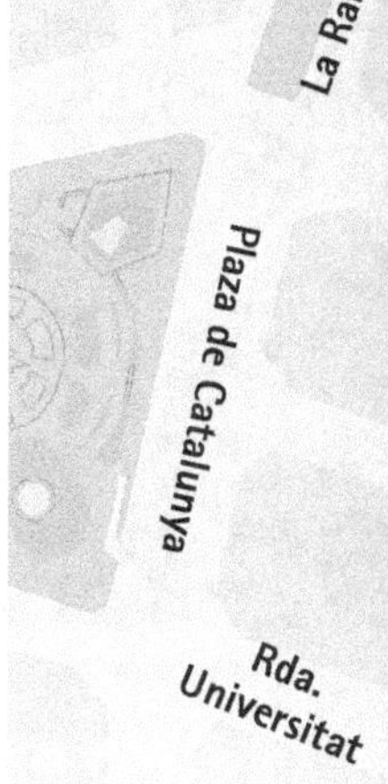
Hacia 1910

se convirtió en lo que hoy conocemos, cuando el plan urbanístico del ingeniero y urbanista Ildefons Cerdà hizo crecer la ciudad a su alrededor. Ahora, como entonces, es también el punto donde todo comienza y termina, un buen lugar de encuentro desde donde comenzar a explorar la ciudad y desde donde salen las principales líneas de transporte urbano e interurbano. El espacio central de la plaza, donde se encuentra en el

En la década de 1870

A finales de la década de 1940

ciones y de reivindicaciones ciudadanas como las que, en mayo de 2011, tuvieron lugar con la llamada «acampada de los indignados», un movimiento ciudadano que se instaló de forma pacífica en la plaza durante casi un mes para llamar la atención contra la crisis económica, política y social que había estallado en 2008.

Proponemos un recorrido que parte desde el paseo de Gràcia, mirando al mar y siguiendo las agujas del reloj.

suelo una gran estrella, es escenario habitual de actuaciones culturales —sobre todo durante las fiestas mayores de la ciudad—, de celebra-

Ronda de Sant Pere dirección Besòs

Ronda de Sant Pere, 3-5

Edificio La Sud América.
Uno de los dos edificios de la plaza de Catalunya donde hay un reloj y, también, unas sentencias que fueron esculpidas en la fachada cuando el

edificio pertenecía a la compañía aseguradora La Sud América Seguros: «La fe fortalece», «La esperanza vivifica», «La caridad ennoblece», «El trabajo dignifica». Este edificio lo hizo construir el banquero y político Manuel Girona, impulsor del Banco de Barcelona.

14

🛍 **El Corte Inglés.** Centro comercial ubicado entre la ronda de Sant Pere y la calle Fontanella con una interesante historia detrás. En ese mismo lugar, en los años treinta, estuvo el Casino Militar de Barcelona. En los años cuarenta, tras la Guerra Civil, se ubicó el Salón Rigat y acogió un restaurante y una sala de baile solo para quienes en aquella época y circunstancias se lo podían permitir. El centro comercial fue inaugurado en 1962, coincidiendo con las fiestas de la Mercè, y fue un golpe de aire fresco en una plaza de Catalunya gris y llena de edificios de aseguradoras. En 1992, el arquitecto Oriol Bohigas se encargó de la reforma integral del edificio tal y como hoy lo conocemos, por la que recibió numerosas críticas, pero también el premio FAD de arquitectura y diseño. El centro comercial cuenta con un gran supermercado en el sótano y un restaurante en la novena planta con vistas a la plaza.

Calle Fontanella

Fontanella, 17

Casa de la estilográfica.
Fundada en 1938, se pueden encontrar todo tipo de elementos de escritura, recambios y accesorios de todas las marcas: Montblanc, Pelikan, Faber-Castell, Cross, Omas, etc. También hacen reparaciones.

Fontanella, 20

Mil. Fundada en 1917, aunque sus orígenes se remontan al año 1815, es la decana de las sombrererías de la ciudad. Es difícil no detenerse ante las vitrinas del escaparate donde se acumulan sombreros de todo tipo: boinas, panamás, sombreros de aviador o de copa. Se encuentra el sombrero para cada ocasión, ya sea una boda, una fiesta de carnaval o el compromiso más serio, y solo las mejores marcas y materiales.

Fontanella, 2

Mobile World Center Barcelona. Centro público-privado destinado a acercar a los usuarios al mundo de la telefonía móvil y de internet. Se puede encontrar una exposición permanente o ver las últimas tendencias y una agenda de actividades que van desde concursos y presentaciones hasta actividades lúdicas y culturales.

Portal de l'Àngel

El espectacular y luminoso termómetro de la óptica Cottet, inaugurado en 1956, da la bienvenida a otro de los ejes comerciales de la ciudad: la avenida del Portal de l'Àngel. Se trata de una calle peatonal donde se reúnen una gran diversidad de comercios.

17

🏛 💱 **Banco de España.** Este sobrio e inmenso edificio se alza al lado sur de la plaza desde 1957. Consta de diez plantas y fue una de las primeras grandes estructuras de hormigón de la ciudad, obra del arquitecto Juan de Zavala. Los bajos y la primera planta lucen

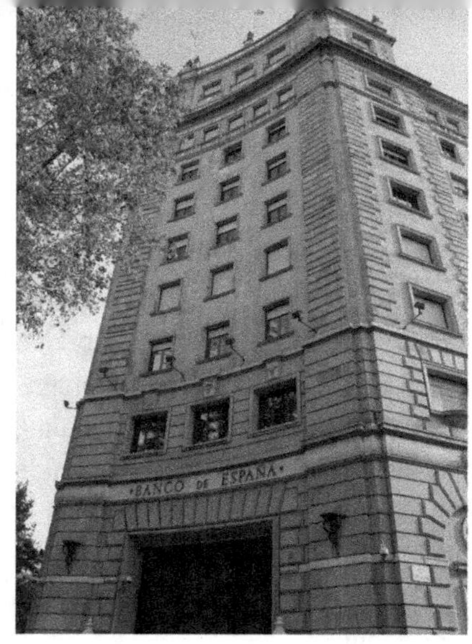

revestimientos de granito, pero el resto del edificio, con contadísimos y austeros motivos marineros e industriales, está hecho con la característica piedra gris de la montaña de Montjuïc.

17 (sótano)

ⓘ **Oficina d'Informació de Turisme de Barcelona.** Principal oficina de turismo en Barcelona, con 700 m² para ofrecer todo tipo de informaciones sobre alojamiento, desplazamientos por la ciudad, mapas y folletos con información de interés para el visitante. Se accede a través de unas escaleras situadas en la plaza, delante de los almacenes El Corte Inglés.

> **Horario:** diario: 8:30-20:30 h. 26 de diciembre y 6 de enero: 9-15 h
> Cerrado: 1 de enero y 25 de diciembre
> **Información:** 932 853 834
> info@barcelonaturisme.com
> www.barcelonaturisme.com
>
> Bus: 16, 17, 24, 41, 42, 55, 58
> Metro: L1, L3 (Catalunya)
> FGC: Catalunya
> Renfe: Plaça Catalunya, Passeig de Gràcia

19

🍴 **Farggi.** Un establecimiento de esta heladería catalana con terraza en la calle, donde se pueden degustar helados, cafés, tés y pastas, entre otras elaboraciones, de la máxima calidad.

🏨 **Olivia Plaza** (4*). Hotel con 113 habitaciones modernas y luminosas que van desde las dobles más sencillas a las *suites* con terraza. Destaca el bar y restaurante Nineteen, desde donde se tienen unas vistas privilegiadas de la iglesia de Santa Anna.

20

🛍 **Alain Afflelou.** Franquicia de esta óptica fundada en 1972 en Burdeos, célebre por sus Tchin Tchin: un segundo par de gafas por sólo un euro más.

21

🍴 **Hard Rock Café.** Platos y decoración típicamente americana a ritmo de *rock*. Este establecimiento abrió sus puertas en 1997 y, a pesar de la última redecoración, más blanca y moderna, sigue manteniendo su estilo. Entre *nachos* y hamburguesas podemos disfrutar de un vestido de Shakira, un corsé de Madonna, una cazadora de Bruce Springsteen o una camisa de Freddy Mercury, entre muchos otros objetos donados por los propios artistas.

Calle Bergara

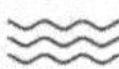

Bergara, 8

 **Pulitzer** (4*). Noventa y dos habitaciones domóticas totalmente equipadas y decoradas con los últimos materiales y tecnologías. Durante los meses de primavera y verano abre la Terraza del Pulitzer, con música en directo y unas muy buenas vistas de la ciudad.

Bergara, 4

Regina Hotel (4*). Moderno y elegante establecimiento, construido en 1917, en un edificio con elementos modernistas, que ha sabido adaptarse a los nuevos tiempos. Cabe destacar la marquesina que se conserva en la entrada.

Bergara, 11

Catalonia Plaza Catalunya (4*). Este hotel modernista data de 1899 y fue diseñado por el maestro de Antoni Gaudí, el arquitecto Emilio Salas i Cortés. El hotel cuenta con las habituales ventajas de un establecimiento de su categoría, además de un *spa* y una piscina en el patio interior.

Bergara, 5

Casa Agustí. Cocina de Barcelona desde 1936. Aunque se han realizado reformas, la decoración conserva el ambiente nostálgico, acogedor y familiar que siempre la ha caracterizado. En la mesa, cocina típicamente catalana en la que destacan los pescados y las carnes de alta calidad.

6

🏢 💵 **Edificio BBVA** (1952). Este inmueble, que el banco BBVA ocupa en régimen de alquiler, tiene 13.875 m² y es conocido sobre todo por el reloj que gira sobre su azotea. El reloj fue inaugurado en 1971: mide 4,7 metros de diámetro, pesa 1.844 kilos y la manecilla de los minutos mide dos metros de largo.

7

🏢 **H10 Catalunya Plaza** (3*). Un hotel ubicado en un edificio del siglo XIX, totalmente reformado en 2013 y reconvertido en «boutique hotel», es decir, bien situado, con diseño y un buen servicio.

Ronda de la Universitat

Ronda de la Universitat, 37

🛍 **Tienda FC Barcelona.** Equipaciones oficiales, camisetas, chaquetas, gorras, pelotas, toallas y muchos otros objetos del universo azulgrana en un mismo establecimiento.

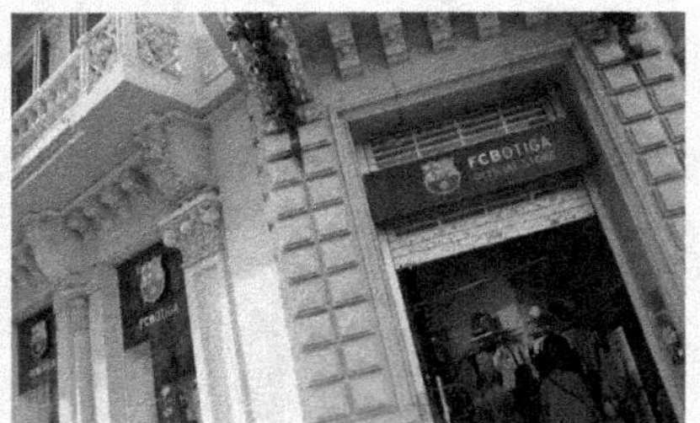

Ronda de la Universitat, 35

🍽 **Milano Cocktail-Bar.** Clásica y relajante coctelería donde cada día a partir de las 12 del mediodía se puede hacer un viaje hasta los años cuarenta. Cócteles de película y *jazz* en vivo durante todos los días del año y, para los amantes de la buena carne, el famoso *steak tartar* de Angel Martín.

9

🏛 **Casa Joan Pich i Pon** (1921). Un sobrio edificio de líneas clásicas sin concesiones ornamentales, de la época amarilla de Josep Puig i Cadafalch. Destacan la puerta abarrocada de la entrada, los templetes que coronan los ángulos de los chaflanes y la estatua de Hermes coronando el edificio, que dan al conjunto un carácter monumental.

🏛 **Arte público.** La plaza de Catalunya destaca por la cantidad y calidad de las esculturas expuestas. Encontramos desde *La Deessa* de Josep Clarà (1878-1958), sentada justo en frente del *Monument a Francesc Macià* de Josep Maria Subirachs (1927-2014) y que representa dos escaleras, una situada sobre la otra, hasta la *Barcelona* de Frederic Marés (1893-1991) o *El Pastor* de Pablo Gargallo (1981-1934).

Además, repartidas por todo el perímetro, hay esculturas de Vicenç Navarro, Josep Dunyach, Eusebi Arnau, Josep Llimona, Josep Viladomat, Enric Casanovas, Josep Clarà, Antoni Parera, Jaume Otero, Joan Borrell, Llucià y Miquel Oslé, Jaume Duran, Josep Tenas y Enric Monjo.

Las fuentes ornamentales que hay en la plaza fueron obra de Fernando Espiau Seoane y se inauguraron en 1959.

El Corte Inglés, plaza Catalunya, 14
933063800, www.elcorteingles.es
El Triangle, plaza Catalunya, 1-4
933180108, www.eltriangle.es
Emporio Armani, paseo de Gràcia, 6
932703463, www.armani.com
Ermenegildo Zegna, paseo de Gràcia, 91
932150006, www.zegna.com
Ernest Oriol, paseo de Gràcia, 89
932151336, www.ernestoriol.com
Escada, paseo de Gràcia, 79
934674170, www.es.escada.com
Escada Sport, paseo de Gràcia, 71
934157165, www.es.escada.com
Estudio Restauración, Sèneca, 18
649934211, www.estudiorestauracion.com
F. Roca, paseo de Gràcia, 114
933684050, www.rocadiamonds.com
Farga, avenida Diagonal, 391
Gran Via de les Corts Catalanes, 630
934160112/933426040, www.fargabarcelona.com
Botiga FC Barcelona, ronda de la Universitat, 37
933186477, www.fcbarcelona.es
Felgar, paseo de Gràcia, 6
933183496, www.felgar.es
Fnac, plaza Catalunya, 4, 902100632, www.fnac.es
FreyWille, paseo de Gràcia, 106
932694167, www.freywille.com
Furest, paseo de Gràcia, 12
933012000, www.furest.com
Furla, paseo de Gràcia, 59
935149079, www.furla.com
Galeria Loewe, paseo de Gràcia, 91
932000920, www.loewe.com
Geox, paseo de Gràcia, 11/52
933425782/934881729, www.geox.com
Gioricky Concept Store, Consell de Cent, 355
932507595
Gratacós, paseo de Gràcia, 110
932387350, www.gratacos.com
Gucci, paseo de Gràcia, 76
934160620, www.gucci.com
Guess, paseo de Gràcia, 13/63
933027072/934878231, www.guess.eu
H&M, paseo de Gràcia, 9
901120084, www.hm.com
H.E. by Mango, paseo de Gràcia, 29-31
933176985, shop.mango.com
Hackett, paseo de Gràcia, 49
934675712, www.hackett.com
Hermès, paseo de Gràcia, 77
934880540, www.hermes.com
Hoss Intropia, paseo de Gràcia, 89
934154433, www.hossintropia.com
Hugo Boss, paseo de Gràcia, 83
932726743, www.hugoboss.com

Imaginarium, paseo de Gràcia, 103
932725710, www.imaginarium.es
Institut Saurina, Provença, 282-284
934195115, www.institutsaurina.es
Iranzo, paseo de Gràcia, 100
933010380/932153316, www.iranzo.es
Jimmy Choo, paseo de Gràcia, 97
932726959, www.jimmychoo.com
Jofré, paseo de Gràcia, 104
931850000, www.jofre.es
Joieria Gràcia, paseo de Gràcia, 46
932155551, www.joyeriagracia.com
Karen Millen, paseo de Gràcia, 79
934870951, www.karenmillen.com
Kiehl's, paseo de Gràcia, 33
934672455, www.kiehls.es/
Kiton, paseo de Gràcia, 128
936240136, www.kiton.it
La Inmaculada Concepción, Rosselló, 271
972630559, www.ultima-parada.com
La Perla, paseo de Gràcia, 73
934677149, www.laperla.com
Lacoste, paseo de Gràcia, 51
934874464, www.lacoste.com
Les Golfes, Diputació, 25
933186394, www.lesgolfes.com
Liu Jo, paseo de Gràcia, 51
932721882, www.liujo.com
Lladró, paseo de Gràcia, 101
932701253, www.lladro.com
Llorenç, paseo de Gràcia, 42
934673355, www.llorenc.es
Loewe, paseo de Gràcia, 35
932160400, www.loewe.com
Longchamp, paseo de Gràcia, 86
932723907, www.longchamp.com
L'Òptica Universitària, paseo de Gràcia, 122
935010448, www.opticauniversitaria.es
Lottusse, paseo de Gràcia, 13
933177852, www.lottusse.com
Louis Vuitton, paseo de Gràcia, 80
934670960, www.louisvuitton.es
Lupo, paseo de Gràcia, 124
935194000, www.lupobarcelona.com
Magerit, València, 272
936343299, www.mageritjoyas.com
Magnolia Antic, Provença, 290
931147203, www.magnoliaantic.es
Majoral, Consell de Cent, 308
934677209, www.majoral.com
Mango, paseo de Gràcia, 36/65
932151543, www.mango.com
Mango Kids, paseo de Gràcia, 22
932151543, shop.mango.com/ES/ninos
Marella, paseo de Gràcia, 101
934157873, www.marella.com

Uterque, paseo de Gràcia, 65
934872010, www.uterque.com
Valentino, paseo de Gràcia, 108
933683219, www.valentino.com
Vinçon, paseo de Gràcia, 96
932156050, www.vincon.com
Wolford, paseo de Gràcia, 104
933484251, www.wolfordshop.es
Yves Saint Laurent, paseo de Gràcia, 102
932003955, www.ysl.com
Zadig & Voltaire, paseo de Gràcia, 73
934676329, www.zadig-et-voltaire.com
Zara, paseo de Gràcia, 16, 933187675, www.zara.com
Zara Home, paseo de Gràcia, 30
933041292, www.zarahome.com

Museos / Galerías de arte

Casa Batlló, paseo de Gràcia, 43
932160306, www.casabatllo.es
Casa Lleó Morera, paseo de Gràcia, 35
936762733, www.casalleomorera.com
Fundació Antoni Tàpies, Aragó, 255
934870315, www.fundaciotapies.org
Fundació Catalunya-La Pedrera, paseo de Gràcia, 92
932142539, www.fundaciocatalunya-lapedrera.com
Fundació Frederic Mompou, paseo de Gràcia, 103
932181481, www.fundaciomompou.cat
Fundació Institut Amatller d'Art Hispànic, paseo de
Gràcia, 41, 934961245, www.amatller.org
Fundació Suñol, paseo de Gràcia, 98
934961032, www.fundaciosunol.org
Galería Comas, paseo de Gràcia, 114
934153299, www.galeriacomas.com
Galería Jordi Barnadas, Consell de Cent, 347
932156365, www.barnadas.com
La Pedrera / Casa Milà, paseo de Gràcia, 92
902202138, www.lapedrera.com
Museu de la Perruqueria, rambla de Catalunya, 99
932052419, www.museumraffelpages.com
Museu del Perfum, paseo de Gràcia, 39
932160121932160146, www.museudelperfum.com
Museu Egipci, València, 284
934880188, www.museuegipci.com
Palau Robert, paseo de Gràcia, 107
932388091/92/93, www.gencat.cat/palaurobert
Sala Dalmau, Consell de Cent, 349
932154592, www.saladalmau.com

Edificios singulares

Antigua Banca Arnús, plaza Catalunya, 23
Banco de España, plaza Catalunya, 17
Bolsa de Barcelona, paseo de Gràcia, 19
Can Serra, rambla de Catalunya, 126,

Casa Amatller, paseo de Gràcia, 41
Casa Ángel Batlló, Mallorca 253-257
Casa Antoni i Marc Rocamora, paseo de Gràcia, 26
Casa Bonaventura Ferrer, paseo de Gràcia, 113
Casa Casarramona, paseo de Gràcia, 48
Casa Casas-Carbó, paseo de Gràcia, 96
Casa Codina, paseo de Gràcia, 94
Casa Coma, paseo de Gràcia, 74
Casa Comalat, avenida Diagonal, 442
Casa Enric Batlló, paseo de Gràcia, 75
Casa Fuster, paseo de Gràcia, 132
Casa Garriga, paseo de Gràcia, 112
Casa Jacint Esteva, paseo de Gràcia, 104-108
Casa Joan Pich i Pon, plaza Catalunya, 9
Casa Josefina Bonet, paseo de Gràcia, 39
Casa Josep Arús, Rosselló, 240
Casa Josep Borràs, paseo de Gràcia, 77
Casa Julià, paseo de Gràcia, 80,
Casa Lleó Morera, paseo de Gràcia, 35
Casa Lluís Ferrer-Vidal, paseo de Gràcia, 114
Casa Malagrida, paseo de Gràcia, 27
Casa Milà / La Pedrera, paseo de Gràcia, 92
Casa Mulleras, paseo de Gràcia, 37
Casa Olano / Elcano, paseo de Gràcia, 60
Casa Pascual i Pons, paseo de Gràcia, 2-4
Casa Pere Llibre, paseo de Grácia, 24
Casa Puig Colom, paseo de Gràcia, 7
Casa Ramon Servent, Gran de Gràcia, 7
Casa Terrades / Les Punxes, avenida Diagonal, 416-420
Casa Vídua Marfà, paseo de Gràcia, 66
Casas Jofre, paseo de Gràcia, 65
Casas Rocamora, paseo de Gràcia, 6-14
Edificio Banco Español de Crédito, plaza Catalunya, 1
Edificio Banco Pastor, paseo de Gràcia, 54
Edificio Banco Rural y Mediterráneo, paseo de Gràcia, 16
Edificio BBVA, plaza Catalunya, 6
Edificio Union des Assurances de Paris, p. de Gràcia, 33
Edificio Deutsche Bank, paseo de Gràcia, 111
Edificio Femina, paseo de Gràcia, 23
Edificio Generali, plaza Catalunya, 11
Edificio La Sud América, ronda de Sant Pere, 3-5
Edificio La Unión y el Fénix, paseo de Gràcia, 21
Edificio Publi, paseo de Gràcia, 55-57
Iglesia y convento de Pompeia, avenida Diagonal, 450
Palacio Baró de Quadras, avenida Diagonal, 373
Palacio Marcet, paseo de Gràcia, 13
Palau Robert, paseo de Gràcia, 107

Restaurantes / Bares

Barcelona Atiram, Casp, 1-13
933025858, www.barcelonaatiramhotels.com
Boca Chica, pasaje de la Concepció, 12
934675149, www.bocagrande.cat
Boca Grande, pasaje de la Concepció, 12
934675149, www.bocagrande.cat

Hoteles

Bcn Design, paseo de Gràcia, 29-31
933444555, www.eurostarsbcndesign.com
Casa Fuster, paseo de Gràcia, 132
932553000, www.hotelescenter.es
Casa Gracia Barcelona Hostel, paseo de Gràcia, 116
931874497/931740528, www.casagraciabcn.com
Catalonia Plaza Catalunya, Bergara, 11
933015151, www.hoteles-catalonia.com
Condes de Barcelona, paseo de Gràcia 73
934450000, www.condesdebarcelona.com
Cristal palace, Diputació, 257
933930970, www.eurostarscristalpalace.com
El Palauet Living Barcelona, paseo de Gràcia, 113
932180050, www.elpalauet.com
Equity Point Centric Hostel, paseo de Gràcia, 113
93.231.20.45, www.equity-point.com
Gallery Hotel, Rosselló, 249
934159911/934159184, www.galleryhotel.com
H10 Catalunya Plaza, plaza Catalunya, 7
933177171, www.hotelh10catalunyaplaza.com
HC Passeig de Gràcia, Gran Via de les Corts Catalanes,
644, 932702735, www.hoteles-catalonia.com
Hostal Oliva, paseo de Gràcia, 32
934880162, www.hostaloliva.com
Majestic Hotel & Spa, paseo de Gràcia, 68-70
934881717, www.hotelmajestic.es
Majestic Residence, paseo de Gràcia, 69
934881717, www.majesticresidence.es
Mandarin Oriental, paseo de Gràcia, 38-40
931518888, www.mandarinoriental.com
Olivia Plaza, plaza Catalunya, 19
933168700, www.oliviaplazahotel.es
Omm, Rosselló, 265, 934454000, www.hotelomm.es
Paseo de Gracia, paseo de Gràcia, 102
932150603, www.hotelpaseodegracia.es
Pulitzer, Bergara, 8, 934816767, www.hotelpulitzer.es
Regina Hotel, Bergara, 4
933013232, www.reginahotel.com/es
Rocamora Apartments, paseo de Gràcia, 51
933017561, www.rocamoraapartments.com
Royal Passeig de Gràcia, paseo de Gràcia, 84
937370010, www.royalpasseigdegraciahotel.com
Sixtyfour, paseo de Gràcia, 64
648182597, www.sixtyfourapartments.com
Sixtytwo, paseo de Gràcia, 62
932724180, www.sixtytwohotel.com
St Moritz, Diputació, 264, 934121500, www.hcchotels.es
Suites Avenue Luxe, paseo de Gràcia, 83
934874159/933668800, www.derbyhotels.com
Suites Center Barcelona, paseo de Gràcia, 128
932553010, www.hotelescenter.es

Museos / Esculturas

Fuente central, paseo de Gràcia, s/n.
Fuente de la rana, avenida Diagonal, s/n.

Homenaje a Pompeu Fabra, Jardinets de Gràcia
L'alzina del passeig de Gràcia, paseo de Gràcia, 103
La lectura, Jardinets de Gràcia
El Obelisc o El llapis, paseo de Gràcia, s/n.
Monument a Francesc Macià, plaza Catalunya
Monumento al Libro, paseo de Gràcia, s/n.
Solc, Jardinets de Gràcia

Bancos

AndBank, paseo de Gràcia, 85, www.andbank.es
Banco Popular, paseo de Gràcia, 17/54
www.bancopopular.es
Banco Sabadell, paseo de Gràcia, 120
www.bancsabadell.com
Banco Santander, paseo de Gràcia, 5/48/82/112
www.bancosantander.es
Bankia, paseo de Gràcia, 103, www.bankia.es
Barclays, paseo de Gràcia, 45, publico.barclays.es
BBVA, plaza Catalunya, 6 / paseo de Gràcia, 25/84
www.bbva.es
Kutxabank, paseo de Gràcia, 118
portal.kutxabank.es
La Caixa, paseo de Gràcia, 61, www.lacaixa.es
Unnim, paseo de Gràcia, 17/54, www.unnim.cat

Entidades

Amics del Passeig de Gràcia, paseo de Gràcia, 37
www.barcelonapaseodegracia.com
Agrupació Astronòmica Aster, Aragó, 141-143
934514488, www.aster.org
Institut Ramon Llull, avenida diagonal, 373
934678000, www.llull.cat
The Shopping Night Barcelona, paseo de Gràcia
www.shoppingnight.com

Cine / Teatros

Cine Comedia / Palacio Marcet, paseo de Gràcia, 13
933182396/933013099, www.comediacine.es
El Coliseum, Gran Via de les Corts Catalanes, 595
933171448
Teatro Tívoli, Casp, 8, 934122063

Farmacias

Farmacia Álvarez, paseo de Gràcia, 26, 933021124
Farmacia Massot, paseo de Gràcia, 50, 932157019
Farmacia Castells, paseo de Gràcia, 90
934876145, www.farmaciacastells.com
Farmacia Vallcorba, paseo de Gràcia, 129
932181923, www.farmaciavallcorba.com

www.ingramcontent.com/pod-product-compliance
Lightning Source LLC
LaVergne TN
LVHW010336200726
843507LV00010B/1524